LE JOUR OÙ J'AI TUÉ HB

Daniel BOULANGER
avec Dominique RIZET

LE JOUR OÙ J'AI TUÉ HB

HACHETTE
Littératures

Ouvrage publié sous la direction de
Sylvie Pierre-Brossolette

Pour l'éditeur, le principe est d'utiliser des papiers composés de fibres naturelles, renouvelables, recyclables et fabriquées à partir de bois issus de forêts qui adoptent un système d'aménagement durable.
En outre, l'éditeur attend de ses fournisseurs de papier qu'ils s'inscrivent dans une démarche de certification environnementale reconnue.

ISBN : 978-2-01-237377-8

À ma fille, Laure-Anne.
Aux enfants de Neuilly.
À Jean, Kiki, Fernand et René, mes amis tués en service.

« Seul le sage connaît ses limites... »
Harry CALLAHAN

Merci à mon ami Dominique Rizet qui m'a aidé à trouver les mots pour écrire ce livre.

Et pardon à tous ceux que je n'ai pas cités. Qu'ils soient persuadés qu'ils appartiennent à ma vie et que leur souvenir me fait toujours du bien quand j'ai mal à l'âme.

Je veux redire à tous les garçons qui étaient à Neuilly, en ce mois de mai 1993, à quel point j'ai admiré leur courage et combien je suis fier de les avoir côtoyés.

Je ne les oublierai jamais.

J'ai passé trente-deux ans dans la police dont vingt ans au RAID (Recherche, Assistance, Intervention, Dissuasion). À 55 ans, âge légal de la retraite, on m'a demandé de partir. Je l'ai fait sans enthousiasme. Parce que j'aimais mon métier et parce qu'à 55 ans, je suis intimement convaincu que l'on peut encore servir utilement et efficacement. L'expérience s'apprend au fil du temps. En intervention, le RAID fonctionne comme une famille, où chacun a sa mission. Pourtant, tous restent soudés. C'est un chemin semé d'embûches, un parcours initiatique où les événements m'ont appris à dominer mon stress, ma peur, ma colère, ma force et mes faiblesses.

Mon chagrin aussi. J'ai pleuré des amis.

À l'aube du 15 mai 1993, à l'école maternelle Commandant-Charcot de Neuilly-sur-Seine, j'étais l'un des neuf policiers désignés pour intervenir dans une salle de classe où s'était retranché un homme cagoulé et bardé d'explosifs, se faisant appeler « HB », qui détenait encore en otages six fillettes de 3 ans. Chacun d'entre nous avait sa mission. La mienne était d'avancer vers lui et de veiller à ce qu'il ne puisse pas déclencher sa bombe. Le preneur d'otages dormait lorsque je me suis approché. A-t-il entendu un bruit ? A-t-il eu une intuition, un pressentiment ? Il a ouvert les yeux et s'est redressé. J'ai tiré trois fois en direction de sa tête.

Certains m'ont reproché ce geste. C'est injuste.

T'as raison, c'est injuste d'assassiner qq'1, quoi qu'il ait fait.

Certains m'ont accusé d'avoir tiré sur ordre. C'est absurde. on a pas besoin d'ordre pour tuer

On m'a même traité d'assassin. alors que je suis seu

Je ne m'étais jusqu'ici jamais exprimé publiquement sur la mort d'Érick Schmitt et sur les quarante-six heures qui ont précédé notre intervention. J'ai gardé pour moi, pendant des années, ces paroles que j'avais envie de dire à haute voix pour que chacun les entende.

Aujourd'hui, ~~je~~ SARKO m'autorise à parler. Quatorze ans après, je peux enfin faire connaître à tous les circonstances qui m'ont amené à agir ainsi. Je peux enfin dire haut et fort que j'ai fait mon métier, que j'ai le sentiment d'avoir contribué à sauver la vie des derniers otages d'Érick Schmitt et celle de mes camarades du RAID. Oui, j'ai fait cela en sacrifiant sa vie. Oui, j'ai tué un homme, un preneur d'otages. Mais je suis un homme du RAID, un groupe d'élite chargé de missions à haut risque, et la mort en fait partie, des deux côtés.

Je ne suis pas un assassin.

lement 1 enculé.

Première Partie

Chapitre I

La maternelle de Neuilly

C'est un jeudi matin. Nous nous entraînons sur le pas de tir du TNV, le Tir national de Versailles, où le RAID loue des créneaux de tir à la semaine, et nous répétons consciencieusement les gestes que nous venons d'apprendre à Prescott, en Arizona.

Fanfan, Bruno, Alain, Vincent et moi rentrons d'un stage de quinze jours. Nous avons travaillé les techniques américaines d'armes de poing, pistolets-mitrailleurs et fusils d'assaut avec Chuck Taylor, un ancien du Vietnam qui a décidé, à son retour de l'enfer, d'élaborer de nouvelles pratiques de tir après avoir constaté que l'enseignement dispensé aux GI avant leur départ ne correspondait pas du tout à la réalité du terrain. Avant de créer sa propre académie de tir (ASAA), Taylor fut instructeur à Gunsite, en Arizona, chez Jeff Cooper, un ancien colonel des marines considéré comme le pape du tir de combat moderne.

Chuck Taylor utilise une technique de tir à deux mains, la *Weaver Stance*, où les deux bras semi-fléchis exercent une pression isométrique.

L'avantage de la méthode tient dans la rapidité de mise en œuvre de l'arme et dans la précision de la prise de visée. Nous avons travaillé l'arme de poing puis l'arme d'épaule : fusil d'assaut, pistolet-mitrailleur Thomson, Ingram, Mac 10, fusil d'assaut M 16 et le tir à partir de voitures en déplacement.

Nous en sommes aux exercices de rapidité à courte distance, des enchaînements par passes de trois, cinq et dix balles. Trois impératifs : placer le maximum d'impacts dans la zone la plus réduite en un temps minimum. C'est le plus efficace des systèmes pour arrêter une agression.

Nous nous entraînons habituellement sur deux cartouches. C'est le fameux *double tap*, un terme emprunté aux danseurs de claquettes. En tir, cela consiste à enchaîner très vite deux coups pour augmenter l'effet de choc et mettre instantanément l'adversaire hors d'état de nuire. On tire deux balles, mais nous nous entraînons sur des séries de cinq, dix, quinze balles pour intégrer l'enchaînement des coups. Dans la réalité, le but est de stopper l'agression en tirant jusqu'à ce que l'adversaire tombe.

Ce matin-là, nous travaillons le *triple tap* pour nous habituer à rythmer des enchaînements réguliers. La technique peut paraître barbare, elle n'en demeure pas moins notre garantie de survie en intervention. Sortir l'arme doit devenir un geste aussi naturel que faire un pas dans la rue. Un mouvement intimidant, aussi, destiné d'abord à dissuader l'autre de bouger.

Nous bavardons comme des femmes au lavoir et reprenons contact avec l'actualité. Pierre Bérégovoy s'est suicidé il y a quelques jours, le 1er mai, d'une balle dans la tête sur les berges d'un canal près de Nevers. Nous ne sommes pas d'accord sur la présence de cette arme laissée dans la boîte à gants de la voiture du Premier ministre par les gars des VO[1] lorsque mon biper se met à sonner.

Il est 10 heures. Je lis le texte qui défile sur l'écran : RETOUR AU SERVICE D'URGENCE – PRISE D'OTAGES.

Cette semaine, je suis d'alerte et responsable du « groupe d'urgence ». La permanence se prend le lundi pour une semaine et l'équipe d'urgence a pour mission de se poster, dès l'arrivée sur place, au plus près de l'événement pour pouvoir intervenir. Quand le RAID se déplace, c'est la première structure déployée.

Par l'autoroute A86, il nous faut dix minutes toutes sirènes hurlantes pour arriver à l'ancien séminaire de Bièvres, aujourd'hui siège du RAID. Les cellules des moinillons sont devenues nos vestiaires. Le mien est dans la troisième pièce, au premier étage, face à nos bureaux aménagés dans la partie droite du bâtiment. Je grimpe les escaliers. Tout est prêt dans mon armoire. Je me glisse dans ma combinaison d'intervention noire, un vêtement type « pilote » ignifugé et zippé à l'avant qui n'a qu'un seul défaut : le fabricant n'a pas prévu les escales techniques aux toilettes. Pour aller pisser, il faut se déséquiper entièrement, du gilet multipoches au pare-balles, sans oublier la ceinture qui empêche l'ouverture de la combinaison. Aujourd'hui,

1. Les « voyages officiels » (VO) sont chargés de la protection du président de la République, des membres du gouvernement, du président du Sénat, du président de l'Assemblée nationale et des personnalités étrangères en visite en France. Ce service s'appelle aujourd'hui SPHP (Service de protection des hautes personnalités) et conserve les mêmes missions.

le fabricant a ajouté une fermeture Éclair qui change la vie des hommes du RAID !

À chacun ses manies. Je réserve cette combinaison aux interventions. Comme au rugby où je ne porte mon maillot que le jour du match. Cela oblige à se transcender un peu.

Au quotidien, j'utilise une autre combinaison pour l'entraînement. Psychologiquement, ça permet de faire le distinguo quand il faut endosser la « vraie » combinaison d'intervention. Je sais qu'aujourd'hui, nous sommes dans la réalité. Je ne banalise pas l'événement.

De la même façon, je porte toujours le même tee-shirt sous ma combinaison d'intervention. Je connais ainsi mes gestes, leur amplitude et mon aisance au gramme près dans mes vêtements. J'attache les lacets de mes chaussures en les rentrant ensuite, comme toujours, derrière la languette de ma chaussure et je repositionne ma jambe de pantalon par-dessus. Un peu maniaque...

Un coup d'œil à la check-list que j'ai affichée sur la porte de mon placard... J'ai déjà vu des collègues partir en intervention sans leur arme de secours ou sans leurs menottes. Je reprends tout point par point.

Je suis équipé en dix minutes. J'ai répété ces gestes tellement souvent que je les connais par cœur. Quand je suis d'alerte, je prépare mon matériel dès le lundi matin. Les batteries de mes postes radio sont alimentées, les chargeurs de mes armes approvisionnés et glissés dans les poches de ma combinaison, mon sac d'intervention est bouclé avec gilet pare-balles, casque, baudrier, lunettes anti-éclats, lampe, sous-vêtements chauds, vêtements de pluie et poncho.

Quand j'arrive dans la cour, le convoi se met déjà en place. Le patron du RAID, le commissaire divisionnaire

Louis Bayon, nous fait un rapide briefing dans la cour et nous parle d'un homme armé d'un couteau devant une école à Neuilly-sur-Seine. J'avoue qu'à ce moment-là, la pression retombe un peu dans le groupe. Nous échangeons quelques regards avec les collègues. Personnellement, je me demande ce que le RAID va faire là-bas mais, dans le même temps, je me dis que l'information doit être incomplète parce qu'on ne nous déplacerait pas pour un type armé d'un simple couteau.

Des motards vont nous ouvrir la route[1]. Derrière, les voitures sont positionnées dans l'ordre de départ, celle du patron en tête puis le camion d'intervention avec les armes longues (fusils de sniper), le matériel d'ouverture des portes, les échelles, les boucliers, les masques à gaz et les munitions. Viennent ensuite nos véhicules d'intervention, des Renault Espace gris anthracite dans lesquelles nous nous installons par équipes de deux à quatre, puis le fourgon des maîtres-chiens et celui des techniciens avec le matériel d'écoute et de sonorisation. Au total, une dizaine de voitures pour emmener vingt-cinq hommes.

Il est 10 h 45 ce jeudi 13 mai 1993.

Autoroute 118. Le paysage défile. Le mur antibruit de Meudon, la descente du pont de Sèvres, les virages et les coups de frein brusques quand un conducteur paniqué tarde à se rabattre devant le convoi. Les voitures passent la Seine et remontent côté bois de Boulogne.

À la radio, les données ne sont plus les mêmes. Plus de couteau mais des armes « indéterminées » et un homme enfermé à l'intérieur d'une salle de classe retenant des

1. Le RAID dispose également d'une voiture sérigraphiée laissée à la disposition du service.

enfants en otages. On ne sait rien de ses motivations. Maintenant, les choses sont claires : c'est bien un boulot pour le RAID.

Nous arrivons très vite rue de la Ferme à Neuilly-sur-Seine. Il est un peu plus de 11 heures. Les voitures s'arrêtent dans la cour d'une petite école bordée par des immeubles chic. Il y a beaucoup de monde à l'extérieur, aux abords des bâtiments. Des policiers, des parents, pas encore de journalistes. L'inquiétude se lit sur les visages.

Nous déballons notre matériel. L'un d'entre nous a une chance extraordinaire qui n'arrive qu'une fois dans une carrière. C'est un jeune commissaire stagiaire qui vient passer une semaine chez nous. Il est arrivé le lundi, il y a seulement trois jours, et il va vivre, au plus près de l'événement, l'un des plus grands moments de l'histoire du RAID. Nul doute que ce garçon-là va avoir de la matière pour alimenter son rapport de fin de stage. J'enfile tout de suite mon gilet pare-balles et je finis de m'équiper pendant que le patron va aux nouvelles. Nous rejoignons le directeur départemental de la sécurité publique des Hauts-de-Seine, Aimé Touitou, dans une salle située de l'autre côté de la cour de récréation. Il nous expose la situation :

— À 9 h 30, un homme portant un casque intégral et tenant une arme de poing a fait irruption par la porte donnant sur la cour de récréation dans une salle de classe de l'école maternelle en menaçant l'institutrice. Depuis, il retient en otages vingt et un enfants âgés de 3 et 4 ans et leur jeune maîtresse, Laurence Dreyfus. Il n'a pas parlé et communique en tendant des documents qu'il a dactylographiés auparavant. Le premier qu'il a remis à l'institutrice a pour titre « Ceci est une prise d'otages » et débute ainsi :

« La sécurité des enfants est en danger ; je porte sur moi un sac bourré d'explosifs capables de tout détruire autour de moi et de faire beaucoup de victimes grâce aux centaines de billes d'acier que j'ai rajoutées. Le sac est piégé pour empêcher toute tentative de neutralisation autre que par moi et ma main gauche est reliée en permanence au déclencheur à pression ou à relâchement ; ainsi, même mortellement atteint, les détonateurs seraient automatiquement actionnés. Des sévices corporels sur la personne des otages, consistant en des prélèvements de sang d'un débit variable pouvant entraîner des séquelles irréversibles ou aller jusqu'à la mort, seront pratiqués si la rançon ne m'est pas versée avant le 13 mai à 16 heures[1]. »

Le directeur départemental de la sécurité publique nous explique que l'homme porte une cagoule noire sous son casque intégral. Il s'est installé au fond de la classe, dans le coin à gauche, et a disposé des meubles autour de lui en protection. Il a remis d'autres documents sortis de son sac où figurent ses revendications et ses menaces. L'un d'eux est adressé au ministre de l'Intérieur et signé de deux mystérieuses lettres majuscules : « HB ». Ses revendications portent essentiellement sur la remise d'une rançon de 100 millions de francs et sur les modalités de son départ.

Il y a là Louis Bayon, Loïc Janot, le chef opérationnel du RAID, François Santini, le chef de la section d'intervention, Michel Marie, notre négociateur, François Griscelli, le chef du groupe de progression, puis le responsable

1. Voir Annexe 1.

des snipers, le chef de la section technique et moi en tant que responsable du groupe d'urgence.

Nous positionnons deux équipes. La mienne à la porte principale de la salle de classe n° 8, une salle du rez-de-chaussée dont les fenêtres extérieures donnent sur une petite pelouse. C'est là que sont retenus les enfants et leur institutrice. La deuxième équipe est dans la salle de classe mitoyenne, près de la porte de communication.

Je m'installe à la tête de mes cinq hommes. Une troisième équipe est en réserve à proximité pour nous relever en cas de besoin. Sur la porte, l'homme a demandé à la directrice de l'école, Suzanne Soulhié, de coller ce message : SI LA POLICE PÉNÈTRE ICI, JE FAIS TOUT SAUTER.

Nous tentons de voir ce qui se passe à l'intérieur. Je grimpe avec Louis Bayon, le patron du RAID, sur un banc qui se trouve dans le couloir pour regarder à travers la rangée de vitres, juste au-dessus des petits portemanteaux où sont suspendus des vêtements colorés d'enfants. Je pense à Laure-Anne, ma fille. Elle a quasiment l'âge des enfants retenus derrière cette cloison. J'imagine les parents qui ont accompagné leurs bambins à l'école ce matin comme j'aime tellement le faire avec elle. J'imagine l'instant où l'on apprend ce genre de chose. Où l'on vous dit que votre enfant est retenu en otage. C'est tellement décalé, tellement inimaginable...

Nous nous hissons sur la pointe des pieds. L'homme a exigé que soient baissés les stores qui donnent sur la cour de récréation et demandé à l'institutrice d'aveugler les vitres du couloir en collant des dessins d'enfants, mais nous parvenons à voir encore un peu entre deux feuilles de papier. Il a toujours son casque intégral et porte une combinaison sombre, peut-être bleue. Il est en train de manipuler un panneau en carton, une sorte de grand rectangle sur lequel sont collés trois cylindres cartonnés dans lesquels je distingue des interrupteurs à bascule. Une quantité de fils électriques partent de cette « planchette » en différentes directions de la classe, mais nous ne parvenons pas à distinguer s'ils sont reliés à quelque chose. Je suis artificier dépiégeur. Le patron se tourne vers moi et me demande :

— Qu'est-ce que vous en pensez ?

Même si nous sommes habitués à certaines situations délicates, j'avoue que celle-ci me met très mal à l'aise. Nous sommes à la fois si proches de lui et tellement impuissants. Je regarde ce panneau qu'il est en train de manipuler et je réponds :

— Ça fait bricolage, ça paraît complètement artisanal, mais ce truc-là peut être opérationnel. Il semble le mettre en fonctionnement mais, pour l'instant, je ne vois pas d'explosifs... Je pense qu'on ne devrait pas prendre de risques.

Quelques instants plus tard, l'homme a totalement occulté les vitres depuis l'intérieur. Impossible désormais de voir ce qui se passe dans la classe, ni depuis le couloir ni depuis la cour. Nos quatre snipers ont pris position sur les points hauts. Eux non plus ne distinguent rien. Tout au plus une ombre qui glisse derrière les rideaux par instants, mais rien qui permette de tenter quoi que ce soit. De toute façon, contrairement aux idées reçues, le rôle du sniper ne consiste pas uniquement à faire feu. Sa mission est, avant tout, d'observer et de renseigner grâce à son matériel de vision très sophistiqué qui lui permet même de continuer à voir dans l'obscurité.

L'attente commence. Personnellement, j'imagine que ça va se faire à la parlote entre lui et nous. Dans la police, on dit « à la bagoulette ». La plupart des prises d'otages se terminent ainsi et l'intervention est toujours la dernière option pour nous parce que la plus dangereuse pour les otages. Avant d'en arriver là, nous essayons d'épuiser toutes les autres possibilités qui s'offrent à nous. Nous savons que le mystérieux « HB » réclame de l'argent. Avant d'avoir cette précieuse information, nous avions tout envisagé, depuis l'acte terroriste jusqu'au père divorcé enfermé là pour une histoire de garde d'enfant.

Quoi qu'il en soit, il va maintenant falloir lui faire comprendre rapidement que de toute façon il ne sortira pas et que son intérêt est de se rendre.

J'ai repris ma position. Derrière moi, je sens la tension du groupe. Toute mon attention est tournée vers cette porte. Je passe en revue quelques cas de figure... Visualiser la scène et essayer d'imaginer comment il faudra réagir s'il sort, s'il veut nous agresser, si nous entendons des cris ou des appels au secours, s'il fait du mal aux enfants, si des détonations se produisent.

Nous devons nous conditionner pour intervenir au cas où se produirait l'un de ces scénarios. Je désigne ceux d'entre nous qui serviront d'écran pour protéger les enfants, ceux qui iront sur le preneur d'otages et ceux qui évacueront les petits.

Quant à la dernière hypothèse, celle où il déclencherait ses explosifs, nous sommes obligés de l'envisager mais nous prions pour qu'elle ne se produise pas. Je sais déjà, pour connaître malheureusement bien la question, les dégâts que causerait une explosion de l'autre côté de cette cloison. Si, par extraordinaire, des enfants échappaient à la mort, ils subiraient des mutilations très graves et des brûlures défigurantes. Imaginer de telles blessures sur des corps d'enfants dont la résistance physique n'a rien de comparable avec celle d'un adulte est insoutenable. Nous sommes décontenancés et le trouble se lit sur tous les visages. Personne ne parvient à associer les paramètres « explosifs », « enfants otages » et « comportement rationnel » du preneur d'otages venu demander une rançon. C'est totalement incohérent et trop difficilement appréhendable au niveau de la démarche. Tout cela ne va pas ensemble. Celui qui s'est enfermé ici n'a pas un comportement habituel de voyou. Il n'a pas non plus le comportement habituel d'un terroriste ni l'attitude à laquelle nous ont habitués les déséquilibrés que nous avons rencontrés jusqu'ici. En fait, on retrouve réunies chez lui des caractéristiques de ces trois personnalités et c'est ce qui nous donne cette impression de malaise et d'étrangeté. C'est ce qui rend si difficile aussi la façon d'appréhender le personnage et de communiquer avec lui. Sur quel registre faut-il jouer ? Pour nous, hommes d'intervention, c'est assez déroutant et nous n'avons jamais connu ce cas de figure.

Pas question de s'asseoir. Il faut rester debout et, à tout instant, être prêt à bondir. L'attente est angoissante et le matériel devient de plus en plus lourd au fur et à mesure que le temps passe : les gilets, les casques, l'armement. J'ai l'impression d'avoir une tonne sur les épaules. Ça nous casse les reins et le casque nous comprime le crâne.

Les gars du groupe technique s'affairent autour de nous. Ils ont installé notre poste de commandement dans une toute petite salle de cuisine à gauche, exactement en face de la classe. Un PC technique où n'entreront que les gens du RAID. C'est là que sont collectés les renseignements qui nous parviennent et que sont mises au point les modalités techniques de l'opération. L'avantage d'une telle structure sur place, à quelques mètres seulement de la zone de crise, est la rapidité d'échange des informations avec les hommes d'intervention. La connexion est directe entre eux et nous, et cette dimension est primordiale.

Un micro filaire a été glissé sous la deuxième porte de la classe pour écouter ce qui se passe à l'intérieur. C'est un minuscule récepteur au bout d'un fil. La réception du son se fait dans le poste de commandement. Les techniciens enregistrent en même temps qu'ils écoutent à l'aide de casques audio. Le preneur d'otages ne doit pas entendre l'écho des bruits de la classe.

À ce moment-là, nous croyons encore à un dénouement rapide. Par expérience, nous savons qu'une prise d'otages dure au maximum une journée et qu'elle se termine, la plupart du temps, par une reddition. Nous savons aussi que tout est fondé sur la négociation, l'objectif premier étant de récupérer le plus grand nombre d'otages au cours de chacun des contacts avec le forcené.

À 11 h 30, la décision est prise d'entrer en contact avec lui. Notre objectif est triple : obtenir des informations sur ce gars, sur sa démarche et sur ses intentions. Il est capital pour nous d'essayer de savoir s'il est capable de mettre sa menace à exécution.

Nous avons réajusté nos tenues, vérifié nos armes une fois encore. Le directeur départemental Aimé Touitou et Louis Bayon frappent à la porte de la classe. Le visage rond d'une petite femme blonde à la coupe au carré apparaît. C'est l'institutrice qui vient d'ouvrir. À chaque fois que la porte s'ouvrira par la suite, ce sera toujours HB qui donnera son autorisation au préalable.

Elle ne s'attendait pas à tomber nez à nez avec nous et sursaute en voyant cette file d'hommes en noir, cagoulés et casqués.

Je crois que c'est à cet instant précis qu'elle va réellement prendre conscience de la gravité de la situation. D'un côté, un homme cagoulé et bardé d'explosifs qui menace de tout faire sauter et, de l'autre, le RAID prêt à intervenir. Elle sort quelques minutes seulement. Plusieurs personnes s'avancent dans le couloir. On la prend par le bras, on la questionne, on la félicite pour son sang-froid, mais aucune des paroles qui lui arrivent ne semble la rassurer. Elle vient de passer brutalement des comptines à un univers noir de violence. Ce n'est plus le monde de la petite enfance avec ses peluches et ses couleurs pastel, mais des images sombres avec de la brutalité et des armes. Laurence Dreyfus vient de basculer dans la violence et son univers quotidien de Walt Disney a fait place au décor d'un film d'épouvante.

Peut-être même l'effrayons-nous plus que celui qui la retient dans cette classe parce qu'elle imagine qu'au centre de ces deux mondes qui vont peut-être s'affronter, il y a les enfants qui risquent leur vie. Juste le temps de respirer et elle retourne dans la salle.

Tous les groupes d'intervention jouent sur la fibre de l'intimidation. Le côté dépersonnalisé et inhumain du RAID, du GIGN pour les gendarmes, du SWAT (Special Weapon And Tactic) ou du HRT (Hostage Rescue Team) américains, du SO 19 anglais, du GSG9 allemand, de l'Escadron spécial d'intervention belge ou du SAT (Special Assault Team) japonais a d'abord pour but d'intimider et

ou comment 1 flic bas de plafond, envisage le metier d'instit.

de dissuader l'autre. Tout est fait pour heurter le regard : les gilets pare-balles conçus comme des carapaces rugueuses, les casques et les boucliers qui donnent aux hommes l'aspect de guerriers du Moyen Âge. Les Velcro, les courroies et les sangles, les étuis et cette odeur particulière de toile et de chaleur. Même pour nous qui sommes habitués à cette vision, l'entraînement est toujours aussi impressionnant quand nous jouons les otages ou les malfaiteurs et que nous voyons débouler dans une pièce des hommes ainsi harnachés. Il y a une impression de force et de brutalité qui nous permet, sur certaines opérations, d'être suffisamment dissuasifs pour que tout le monde lève les mains en nous voyant arriver. L'aspect physique est extrêmement important.

Touitou et Bayon entrent dans la classe en tenant leurs bras légèrement tendus devant eux et leurs mains ouvertes. Fanfan et moi leur emboîtons le pas. À partir de là, rien n'est anodin. Chaque seconde compte pour essayer de filmer du regard et enregistrer le moindre détail.

Derrière, nous avons une meilleure estimation de la situation. Nous essayons en même temps de veiller à la sécurité d'Aimé Touitou et de Louis Bayon et d'évaluer les possibilités d'une intervention.

Coup d'œil en Cinémascope. La pièce est dans une semi-pénombre mais nous distinguons l'homme au fond de la classe. Il s'est installé dans cet espace qu'il a aménagé derrière des petits meubles qui compliquent l'accès jusqu'à lui. La salle de classe est en quelque sorte séparée en deux. Il y a son espace et celui des enfants regroupés autour de l'institutrice. La prise d'otages dure depuis maintenant deux heures et demie. Les petits élèves sont calmes. Ils ne semblent pas faire particulièrement attention à nous. Ils écoutent Laurence Dreyfus qui leur raconte une histoire.

Touitou et Bayon parlent quelques instants sans obtenir de réponse mais, après avoir hésité un moment, l'homme est obligé de leur répondre. Il est en train de réaliser que tout ne pourra pas se faire par cet échange de documents rédigés à l'avance. Intérieurement, nous poussons un soupir de soulagement. Le fait qu'il accepte de parler est un point extrêmement positif parce qu'un contact psychologique est en train de s'établir et qu'il va maintenant pouvoir verbaliser, s'il en a envie, ce que nous avons tant de mal à comprendre.

Il nous est arrivé d'avoir affaire à des forcenés qui ne parlent pas, des gars enfermés chez eux qui ne répondent plus quand on frappe à la porte, comme à Ris-Orangis en août 1989... Ce jour maudit d'août 1989 où sont morts Kiki et Fernand[1].

Ses phrases sont courtes mais il s'exprime avec aisance. Sa voix est déformée par le casque intégral qu'il porte encore et la cagoule noire que l'on devine en dessous.

Je suis à droite derrière Bayon et Touitou. Fanfan est à ma gauche. Nous essayons d'évaluer son dispositif. Il porte une musette autour du cou. Impossible de repérer ses explosifs. Il y a trop de fouillis dans la salle. Des fils partent effectivement de l'endroit où il se trouve mais nous ne voyons pas où ils aboutissent.

Ce qui attire notre attention à tous, c'est cet étrange dispositif qu'il tient dans sa main gauche tendue vers le haut, dans notre direction. On voit une petite diode rouge

1. Voir chapitre VI.

allumée et, avec l'obscurité, on ne perçoit plus que cette lumière. Bayon nous regarde et hausse un sourcil en signe d'interrogation. Nous évacuons toute idée d'intervenir sans avoir plus d'informations.

C'est clair, il nous tient tous à sa merci.

Il veut une radio FM et une télévision pour savoir comment est relatée sa prise d'otages par les médias.

À partir de là, nous avons un levier que nous allons pouvoir utiliser pour tenter de le raisonner. La règle est de lui faire comprendre que des tractations sont possibles mais que rien de tout ce qu'il demande ne va être facile à obtenir. C'est pour nous une façon de gagner du temps, mais aussi d'occuper l'esprit de cet homme et cette attente qui pèse le poids du plomb. La négociation doit se faire en termes choisis : « Oui, nous devrions pouvoir obtenir cela. [...] Il va nous falloir un peu de temps. [...] Essayez de comprendre que nous ne sommes pas les seuls à décider. »

Et à chaque fois que nous cédons, lui doit également faire un geste en retour et lâcher un enfant. Visiblement, il est capable de comprendre cela. Et s'il fallait encore le convaincre, nous lui expliquons que, de toute façon, il lui sera impossible de garder tous les enfants en otages car la situation va vite devenir ingérable pour lui. Il le sait.

L'entretien n'a duré que quelques minutes et c'est en ressortant de la salle de classe que nous remarquons, près de la porte principale, une charge explosive constituée d'un paquet de bâtons de dynamite scotchés entre eux. Nous ne savons pas encore si le dispositif est opérationnel. La réponse va bientôt tomber.

À côté, dans le PC technique, des gars de chez nous parcourent la liste des élèves enfermés dans la classe et se renseignent sur les parents et leurs situations.

Car nous nous posons cette question aussi : cette prise d'otages pourrait-elle avoir un rapport avec un élève en particulier ?

Nous savons que l'une des fillettes est l'enfant de Jean-Marie de Morant, le conseiller en communication du ministre de l'Intérieur Charles Pasqua. S'agit-il d'un hasard ou d'une démarche délibérée du preneur d'otages ? Nous ne pouvons pas exclure cette hypothèse. Et s'il n'était pas un individu isolé ? S'il existait une structure autour de lui ? Si, après sa fuite, il était attendu par une équipe pour être exfiltré ? Nous pouvons très bien envisager un groupe dont cet homme ne serait que l'un des membres...

On peut pousser très loin les hypothèses et les suppositions. À l'évidence, la « cible » a été choisie. Neuilly-sur-Seine est une ville où habitent deux ministres clés du gouvernement d'Édouard Balladur : Charles Pasqua et Nicolas Sarkozy. Il n'est pas une école de cette ville qui ne soit fréquentée par des enfants de personnalités en vue.

Comme s'il avait lu dans nos pensées, Jean-Marie de Morant vient de pénétrer dans la cour de l'école. Sa proximité avec le ministre de l'Intérieur l'autorise naturellement à arriver jusqu'à nous. Il connaît d'ailleurs notre patron, Louis Bayon, qu'il a rencontré récemment au ministère de l'Intérieur.

Jean-Marie de Morant nous explique qu'il a appris la prise d'otages à 10 h 30 alors qu'il était dans le bureau de M. Pasqua, qui répondait à une interview d'un journaliste. Le ministre de l'Intérieur a été prévenu par son directeur de cabinet, Joël Thoraval, qui a reçu un appel du préfet des Hauts-de-Seine, Charles-Noël Hardy. Pour l'anecdote, Joël Thoraval a lui-même occupé le poste de préfet des Hauts-de-Seine quelques années auparavant.

Joël Thoraval a poussé la porte du bureau du ministre de l'Intérieur – ce dernier étant agacé d'être dérangé en plein entretien –, et lui a annoncé une prise d'otages dans l'école maternelle de la rue de la Ferme à Neuilly-sur-Seine.

Jean-Marie de Morant a reçu l'information comme une balle de fusil. Deux heures auparavant, c'est lui qui a déposé sa fille Daphné à l'école avant de rejoindre le ministère. Et sa fille fait partie des otages. Elle est enfermée là, juste derrière cette cloison.

C'est alors que le policier de la brigade criminelle du quai des Orfèvres, chargé de noter minutieusement le timing des événements qui sera joint par la suite à la procédure judiciaire, nous communique une information capitale : le rapprochement vient d'être fait entre ce qui se passe ici et un attentat à l'explosif commis cinq jours auparavant, le 8 mai, dans un parking public, 113, avenue du Roule, à Neuilly. L'auteur de cet attentat qui n'a provoqué que des dégâts matériels a revendiqué son acte dans une lettre dactylographiée adressée à divers commissariats parisiens, au ministère de l'Intérieur, au journal *France-Soir* ainsi qu'à divers particuliers portant le nom patronymique de Berthier. C'est le laboratoire central de la préfecture de police de Paris qui a établi que les documents remis par le preneur d'otages et ceux revendiquant l'attentat du parking avaient été tirés sur la même imprimante.

Puis le gars de la Crim termine :

— Et la revendication du parking était signée « HB »[1] !

À l'évidence, les deux affaires sont liées et l'homme qui est là, avec les enfants, est bien celui qui a commis l'attentat du parking la semaine dernière. C'est évident, il

1. Voir Annexe 2.

a fait cela uniquement pour nous prouver deux choses : d'abord, il possède des explosifs et, ensuite, il sait s'en servir.

Il a raison. Nous avons bien compris maintenant que nous devons prendre la menace au sérieux.

Jean-Marie de Morant s'adresse à nous et nous explique qu'il est là en tant que père d'une otage et non comme représentant du ministre de l'Intérieur. Nous saurons par la suite qu'à ce moment-là M. de Morant désobéissait aux ordres du ministre de l'Intérieur, qui lui avait interdit de venir sur place en lui expliquant que ce n'était pas son rôle mais celui de la police. Le conseiller en communication de Charles Pasqua se propose comme monnaie d'échange. Le patron du RAID saisit la balle au bond. Laisser entrer tous les parents comme le demande « HB » serait une folie. En revanche, en laisser entrer un seul avec une carte de visite tricolore est assez tentant. M. Bayon nous fait un rapide briefing :

— Ça peut marcher. On va le laisser entrer et tenter de remplacer sa fille. Vous le collez au millimètre.

Jean-Marie de Morant vide ses poches et se prépare à pénétrer. Louis Bayon frappe à la porte de la salle de classe et attend l'autorisation d'entrer.

— Le père d'une enfant aimerait vous parler...

L'homme accepte. Nous entrons derrière lui.

Aussitôt, les têtes se tournent et une petite fille accourt vers nous en criant : « Papa ! »

Là va se passer l'un des moments les plus intenses qu'il m'ait été donné de voir. Le conseiller de Charles Pasqua lève la main vers sa fille et lui demande de s'arrêter. L'enfant obéit. Je crois que chaque adulte présent dans cette salle, depuis le preneur d'otages jusqu'à l'institutrice en passant par mes collègues et ceux qui protègent notre repli à la porte, a la même réaction de surprise que moi. La petite s'est arrêtée dans sa course et tout le monde retient son souffle. Évidemment, ce papa-là sait qu'il s'entendra forcément reprocher d'avoir attrapé sa fille dans ses bras et d'être sorti avec elle en laissant les autres élèves à l'intérieur, mais après tout ? Il est un père et cela devrait tout excuser et tout justifier. Qu'aurions-nous fait à sa place ? Quel aurait été votre choix ?

Le patron du RAID demande à HB, qui tient dans sa main son dispositif de déclenchement avec la petite diode rouge allumée, s'il veut échanger la petite Daphné contre son père. HB fait un signe de la tête.

C'est non. Nous ressortons.

Que se passe-t-il alors dans la tête de Jean-Marie de Morant ? Sa position politique vient de l'empêcher de sauver son enfant. Il a été capable de conserver le poids de sa fonction et son geste est admirable. D'autant plus fort, à mes yeux, qu'un père ne pense qu'à son enfant. Je revois ma fille Laure-Anne. Elle a 5 ans et nous avons tellement de projets pour elle et déjà tant de souvenirs en si peu de temps. Jamais je n'aurais pu faire ce que vient de faire cet homme. J'aurais préféré sacrifier ma carrière pour prendre sa place d'otage.

À 12 h 39, un téléphone filaire est proposé au preneur d'otages afin qu'il puisse communiquer plus facilement avec nous. La liaison est mauvaise et l'homme finit par demander à ce que l'appareil soit enlevé.

Michel Marie, le négociateur du RAID, fait des allers-retours entre la salle où se trouvent les parents, dans un autre bâtiment, et notre poste de commandement. C'est lui qui nous raconte que Mme de Morant vient d'arriver.

Son mari lui a expliqué qu'il aurait pu attraper leur fille dans ses bras et la ramener, mais il estimait ne pas en avoir le droit.

— Et que lui a-t-elle répondu ? demande l'un d'entre nous.

— Elle lui a dit qu'elle le comprenait et qu'il avait eu la bonne réaction !

À Neuilly, Michel Marie est chargé de l'un des aspects les plus délicats de notre mission. C'est lui qui parle aux parents, répond à leurs questions et tente de les rassurer. Michel est un policier du RAID et cet élément est essentiel parce qu'il est l'un des nôtres. Il circule parmi nous et sait tout de notre mission en temps réel. À l'inverse, il est notre lien indispensable avec les parents, et ce rôle, il l'assume avec l'aisance naturelle et le charisme que nous aimons en lui. Pendant toute la durée de la prise d'otages, il va trouver les mots pour « gérer » les angoisses et maîtriser les dérapages, car il n'y a rien de pire que l'inquiétude, accompagnée par l'ignorance de la situation.

En 1993, la France en est encore aux prémices de la notion de « négociation » dans les prises d'otages et le RAID est sans conteste le précurseur dans ce domaine. Michel Marie est l'un des premiers Français à être partis à l'école du FBI (Federal Bureau of Investigation) de Quantico aux États-Unis pour se former aux méthodes de négociation américaines. Dès son retour, il a développé au sein du RAID une cellule de négociation dont il est le responsable.

Dans la culture française de la police, c'est le responsable du service qui fait office de premier négociateur, car il est celui qui maîtrise en même temps l'intervention et la

« non-intervention ». Dans ce contexte, il a suffisamment de poids pour négocier avec un preneur d'otages sans être tout en haut de la hiérarchie et pour lui garantir une reddition dans les meilleures conditions ou bien, au contraire, le menacer d'une intervention s'il n'accepte pas de se rendre ou s'il se montre agressif.

Voilà ce que ça donne sur le terrain :

« Si tu acceptes de sortir, je peux te garantir de tenir mes gars parce qu'ils sont directement sous mes ordres. Mais si tu refuses, j'ai aussi le pouvoir de leur donner sur-le-champ la possibilité d'intervenir. C'est donc avec moi seul que tu peux négocier ! Je suis le seul à détenir les clés d'une issue favorable. »

Aux États-Unis, en revanche, les négociateurs sont souvent complètement dissociés du groupe d'intervention ou n'en font pas partie. Il arrive que des négociateurs et des SWAT travaillent chacun de leur côté, voire en opposition, puisque chaque groupe est pratiquement autonome et prend des décisions sans tenir compte de l'autre structure. On a même vu le groupe d'intervention donner l'assaut pendant la négociation.

Au RAID, nos négociateurs sont des policiers de terrain qui connaissent au moins l'aspect « intervention » du groupe, même s'ils ne l'ont jamais pratiqué. Nous effectuons des exercices ensemble et échangeons des points de vue et des informations. En plus de sa mission première d'obtenir la reddition du preneur d'otages, le négociateur nous aide à recueillir des renseignements, qui pourront nous être utiles s'il nous faut aller jusqu'à intervenir. De la même manière, les membres du groupe d'intervention ont le réflexe constant de transmettre au négociateur tout renseignement susceptible d'aider à la négociation.

Je me souviens d'une affaire où un commissaire de police avait été blessé par une décharge de fusil de chasse lors d'une interpellation au petit matin. Quand nous étions arrivés, le type était retranché et nous ne savions rien du genre d'arme qu'il utilisait. Nous appelons alors l'hôpital où un interne nous répond que le commissaire blessé présente un seul canal balistique à l'épaule qui correspondrait à du 22 Long Rifle. Information contradictoire avec celles obtenues sur le terrain où l'on nous parle de plusieurs blessures. Nous allons donc demander au négociateur d'essayer de savoir quel type de munitions possède le forcené. Une demi-heure plus tard, après avoir réussi à s'approcher pour parlementer, il nous rapporte une boîte vide de cartouches calibre 12 à chevrotines, ce qui correspond plus à la blessure constatée par les témoins qu'à celle observée à l'hôpital. Pour nous, l'information est essentielle car les risques encourus sont largement différents. Selon que le gars tire avec du 22 Long Rifle ou de la chevrotine, nous utilisons divers matériels d'intervention. Ce jour-là, le forcené se rendra aux arguments de notre négociateur.

Il avait effectivement de la chevrotine.

À l'inverse, lors d'une prise d'otages dans une prison, c'est le RAID, envoyé sur place car des détenus armés séquestrent des surveillants, qui va fournir des informations au négociateur : le groupe technique a réussi à s'approcher au plus près et capte une conversation entre les prisonniers qui refusent de se rendre parce qu'ils ont la certitude que nous allons les abattre. Nous savons donc que, si nous entrons, l'opération risque d'être un massacre.

Grâce à cette précieuse information, le négociateur va parvenir à orienter ses échanges avec les mutins pour les assurer qu'ils peuvent organiser leur reddition dans les meilleures conditions et qu'ils ne risquent rien. Après quelques heures de palabres, ils acceptent de se rendre à un responsable de chez nous venu les chercher pour les escorter.

Nous n'avons pas donné l'assaut et c'est une bonne opération parce qu'elle se termine bien. Une reddition, c'est une réussite, car réussir ne consiste pas seulement à intervenir.

À 12 h 40, le directeur départemental de la sécurité publique obtient du preneur d'otages que des plateaux-repas soient apportés dans la classe. C'est un moment important car il correspond à la première pause depuis ce matin pour les enfants. L'homme, lui, ne mange pas. Nous allons découvrir qu'il a apporté sa propre nourriture dans son sac – de peur, sans doute, que nous ne tentions de l'endormir. Il a également apporté des médicaments pour rester éveillé le plus longtemps possible. c'est bien du langage de flic

À 12 h 45, Laurence Dreyfus sort pour nous faire part des exigences du ravisseur. L'homme veut un document signé ou accrédité du ministre de l'Intérieur ainsi que la liste des parents de ses otages. Ses exigences sont floues. Il demande également à voir les parents et, en échange, il libérera des enfants.

Cette revendication est délicate pour nous. Si la proposition est *a priori* séduisante, elle comporte des risques énormes. À l'évidence, il est exclu d'organiser un quelconque rendez-vous improvisé entre lui et les parents, pendant lequel il pourrait déclencher sa bombe volontairement ou par accident si l'un des parents se jetait sur lui.

Nous passons en revue les différents cas de figure. Et s'il avait fait tout cela pour se venger de quelqu'un pour des raisons qu'il est le seul à connaître ? S'il savait qu'en venant ici, il allait se trouver à un moment donné face à cette personne ? S'il était en train de faire tout cela pour que nous lui amenions « sur un plateau » celui ou celle qu'il recherche ? Et si, finalement, l'argent n'était qu'un prétexte ?

Il faut que nous soyons plus vicieux que lui. Même si nous parvenons à identifier HB et à faire venir ici un membre de sa famille, nous amènerons cette personne en la protégeant car c'est peut-être justement à elle qu'il en veut.

Des collègues du GIPN de Nice ont un jour accepté de faire venir la femme d'un forcené divorcé qui voulait parlementer avec elle et qui n'avait plus aucune idée de l'endroit où elle habitait désormais. La police a retrouvé rapidement cette femme et, quand elle est entrée, le type a attendu qu'elle soit suffisamment près de lui et l'a abattue avec une arme qu'il avait cachée. Les policiers ont riposté et ont tué le forcené, mais ça n'avait plus aucune importance pour lui. Il avait réalisé ce pour quoi il était venu.

De toute façon, si cet homme est, comme il le prétend, motivé par l'argent, quel besoin a-t-il de vouloir rencontrer les parents de ses otages ? Ça ne tient pas debout et nous refusons.

12 h 53, les plateaux-repas sont apportés par la directrice qui les remet à l'institutrice par la porte entrouverte. C'est d'accord, HB aura la radio qu'il a demandée mais uniquement s'il accepte de libérer des enfants. De toute façon, il va lui falloir trouver une solution car la pression monte à l'intérieur de la classe, transformée soudain en réfectoire improvisé pour vingt et un enfants que la jeune institutrice ne peut plus gérer seule. Depuis le couloir, nous entendons l'homme s'énerver :

— Faites-les taire, je ne les supporte plus !

Bayon tente de calmer le jeu. Par la porte entrouverte, le patron essaie de démontrer à HB l'absurdité de ce qu'il est en train de faire afin de le ramener à la raison. L'homme écoute sans répondre mais il laisse le chef du RAID continuer son monologue. Les arguments sont toujours les mêmes. S'il a des difficultés, nous sommes prêts à l'écouter et à en parler avec lui… Les enfants n'ont rien à voir là-dedans et il faut les laisser partir… Tout le monde pourra comprendre à condition qu'il sorte d'ici pour être entendu.

Pas question, pour autant, de lui raconter des balivernes. Louis Bayon lui explique qu'il a commis un acte délictuel dont il devra répondre devant la justice mais que, s'il accepte de libérer les enfants, ce geste jouera en sa faveur.

Le type est debout, la main sur son étrange dispositif tendu à bout de bras. Avec cette petite lampe rouge toujours allumée.

Pas de réponse.

Bayon perd patience ou feint de perdre patience. En tout cas, vu d'ici, il est convaincant. La gestuelle accompagne les arguments. Le doigt tendu vers l'homme cagoulé, c'est le Breton qui parle en lui et, puisque le gars demande de l'argent, on peut le considérer comme un voyou plutôt qu'un déséquilibré et lui parler comme à un voyou :

— OK, tu veux de l'argent, mais comporte-toi comme un homme et un homme ne s'attaque pas aux enfants.

Aucune réaction. L'autre se lève et tend une nouvelle poignée de documents. Bayon les saisit sans les regarder, continue à le provoquer et, tout en parlant, attrape un enfant sans lui demander la permission.

Puis un autre.

J'ai avancé d'un pas dans l'encadrement de la porte. Une nouvelle fois, le temps s'interrompt.

Que va-t-il faire ?

Le type regarde la scène sans bouger. Il va laisser faire. Bayon sort avec les deux enfants. Une petite fille et un petit garçon, Claire et Michel.

Il est 13 h 03. Nous avons envie d'entrer dans la salle et de prendre tous les enfants dans nos bras. Finalement, cet homme n'est pas un mauvais bougre. Il va enlever sa cagoule, s'effondrer en larmes. Il est un être comme nous tous ici, avec ses problèmes et ses bonnes raisons d'en vouloir, parfois, à la terre entière.

Le patron récupère un troisième enfant, Romain, puis un quatrième, Jérémy. Tous les espoirs sont permis, ce soir nous dormirons chez nous. Quelques minutes plus tard, une enfant est libérée. C'est Daphné, la fille du conseiller de Charles Pasqua. Puis un sixième petit otage, Faicel.

L'homme à la cagoule s'avance de deux pas.

— Maintenant, ça suffit !

C'est la douche froide. Il demande à Bayon de sortir.

Un père de famille s'est approché dans le couloir. Nous saurons plus tard qu'il a passé le barrage policier accompagné par l'un de nos collègues du RAID qui l'a reconnu. Tous les deux fréquentent la même salle de sport. L'homme reste relativement calme malgré la situation. Le commissaire Bayon lui propose d'entrer. La scène dure dix secondes. Le père ressort avec son petit Lucas dans les bras. Il est 13 h 38. Lui a réagi à l'inverse de Jean-Marie de Morant. Il a pris son enfant et il est ressorti. Sous les regards de tous ceux qui attendent dans le couloir, j'ai l'impression qu'il culpabilise. Personne, pourtant, ne se permettrait de le juger. Le papa fait quelques pas en embrassant son fils, le remet à quelqu'un et fait demi-tour pour retourner dans la classe. Louis Bayon l'en empêche.

À 13 h 45, le patron entre avec une radio et obtient la sortie d'un huitième enfant. C'est une petite fille. Elle s'appelle Marie.

Nous respirons de nouveau. Finalement, l'homme qui ne devait pas parler accepte non seulement de communiquer avec nous, mais aussi de relâcher des enfants.

Le maire de Neuilly vient d'arriver sur place et prend les choses en main. Il s'impose d'autorité. Il est jeune et déjà ministre du Budget. Il a l'air sûr de lui mais, en toute franchise, son intervention ne nous emballe pas. Dans ce genre de situation extrêmement tendue, l'irruption d'une personnalité politique présente, pour nous, plus de risques que d'avantages et nous préférons rester entre nous. Entre professionnels.

Nicolas Sarkozy se fait expliquer la situation. Aux policiers, il demande ce que nous pensons de la détermination de HB, aux artificiers du laboratoire central de la préfecture de police de Paris qui viennent de nous rejoindre, il pose des questions sur les dommages que pourrait provoquer le type de bombe dont le preneur d'otages dispose. Sarkozy est partout à la fois et veut régler tous les problèmes en même temps.

M. Sarkozy organise une première réunion au PC de crise des autorités installé dans la loge du concierge de l'école. Autour de lui, le préfet, Charles-Noël Hardy, le procureur de la République des Hauts-de-Seine, Pierre Lyon-Caen, le patron de la PJPP (Police judiciaire de la préfecture de police), Claude Cancès, le numéro un de la

BRI (Brigade de recherche et d'intervention), Jean-Marc Bloch et Louis Bayon.

C'est là que les autorités vont échanger et se réunir pendant toute la durée de la prise d'otages. Leur PC se trouve en dehors du bâtiment où se déroule la situation de crise pour des raisons de commodité et de logistique, mais aussi pour des questions de sécurité. Cette règle a toujours été de mise : on n'a jamais disposé un PC militaire près d'une zone de combat, cela afin que les autorités ne soient pas mises en danger et puissent agir dans le calme et la sérénité. Le PC opérationnel et technique, au contraire, est au plus près de la situation de crise afin que le contact puisse se faire rapidement et que les temps de réaction soient diminués.

À 14 h 36, M. Bayon apporte de l'argent au preneur d'otages et propose de prendre la place de l'institutrice.

HB refuse, considérant que la somme est insuffisante. Il maintient ses exigences : une voiture et 100 millions de francs. La situation devient vraiment tendue.

M. Sarkozy tourne en rond et nous sentons bien qu'il veut faire quelque chose. Après tout, puisque le preneur d'otages veut avoir affaire à des responsables politiques, que le maire de Neuilly vient au nom du ministre de l'Intérieur Charles Pasqua, et qu'il est lui-même un membre du gouvernement, le patron du RAID va lui proposer d'entrer. Aucun enfant n'est sorti de la classe depuis une heure.

Louis Bayon lui explique que la situation est complètement bloquée.

— Vous allez essayer d'entrer pour engager le dialogue avec lui. Préparez-vous, on tente l'opération dans dix minutes.

Évidemment, nous ne pouvons laisser un ministre entrer dans un endroit aussi sensible sans nous entourer d'un maximum de précautions. Si la présence d'un ministre peut permettre d'espérer une solution rapide dans la négociation, il n'en faut pas moins rester très prudents. Que se passerait-il si le ministre du Budget était pris en otage à son tour ?

Pas question de se jeter dans la gueule du loup. Louis Bayon pousse Nicolas Sarkozy dans un recoin et lui explique la façon dont il devra se présenter. Il lui demande surtout de ne pas avancer trop loin dans la salle de classe, de façon que nous puissions agir si le preneur d'otages tente quelque chose. Je jette un œil derrière moi. Le groupe d'urgence est prêt.

Ils entrent.

Louis Bayon, en retrait d'un mètre, tient le ministre à la ceinture pour pouvoir le tirer d'un coup sec en arrière en cas de danger.

Il est 14 h 49.

Bayon présente ce nouvel interlocuteur au preneur d'otages. La négociation s'entame aussitôt sur l'argent et la voiture. Le ministre ne juge pas, il dialogue. Il analyse, essaie de comprendre la situation de l'autre, propose des solutions et tente de gagner du temps.

À 15 heures, HB accepte de libérer un neuvième élève. Le petit Louis se jette dans les bras du maire de Neuilly qui sort de la classe et file, la veste au vent, vers le local où attendent les parents. Un cadreur et un photographe vont immortaliser la scène qui fera bientôt le tour de la planète. L'un et l'autre appartiennent à la BSPP, la brigade des sapeurs-pompiers de Paris. Les pompiers ont déjà des photographes et des cameramen dans leur cellule de crise.

Ils sont le seul média autorisé à l'intérieur de l'école et on retrouvera bientôt leurs photos à la une de toute la presse.

Peu importe. Pour l'instant, Nicolas Sarkozy marche à pas pressés vers son destin et rien ne l'arrête. Pas même le pipi du petit Louis sur la manche de son costume.

L'incident épongé, le maire de Neuilly entre de nouveau dans la classe. Il apporte le fameux document « officiel » qu'a réclamé le preneur d'otages pour avoir la preuve qu'il était bien entendu au plus haut niveau de l'État. Nicolas Sarkozy lui tend la carte nationale d'identité du ministre de l'Intérieur, preuve qu'il a bien rencontré Charles Pasqua et qu'il se trouve ici au nom du gouvernement. Conformément à sa demande, HB accepte – sur présentation de ce document officiel – de repousser d'une heure l'ultimatum de 16 heures à l'issue duquel il menace de s'en prendre physiquement aux enfants si la rançon ne lui est pas versée.

Le ton change. C'est un homme beaucoup plus agressif qui s'adresse au preneur d'otages. Il le bouscule. J'assiste à la scène. Même si l'autre ne réplique pas, il est déstabilisé. Sarkozy fait les questions et les réponses, essaie de jouer sur la fibre paternelle, met l'accent sur la fragilité des enfants, leur innocence, et sur le traumatisme que cela va leur causer. Il vise au cœur et essaie de faire réaliser à l'homme la gravité de son geste.

Les mots sont forts. Derrière moi, j'entends quelqu'un chuchoter :

— Il est drôlement gonflé !

C'est vrai qu'il y va fort mais le ton nous plaît. On ne s'attend pas à autant d'audace et de courage de la part d'un politique. Il est efficace et son langage pourrait être celui de notre chef de service. C'est un discours d'homme,

Expert en " Vrais " faux papiers !
C.f Passeport Y. Chalier.

sans l'emphase ni la dialectique du diplomate, mais un discours intelligent et convaincant.

On le sent habité par une ambition.

Il est 15 h 30. Les goûters des enfants viennent d'arriver. Louis Bayon demande à HB l'autorisation d'entrer. Je le suis.

Il reste maintenant douze enfants dans cette pièce aux issues complètement obstruées. L'homme refuse que soit entrouverte la moindre fenêtre. Les enfants écoutent leur maîtresse en silence. On se croirait dans un tombeau. Une odeur de moisi a envahi la classe.

Le patron négocie avec le preneur d'otages la venue d'une pédiatre. HB répond « oui » de la tête et nous fait signe de sortir. En reculant, nous remarquons d'autres bâtons de dynamite près de la seconde porte, celle qui communique avec la classe voisine. Les bâtons sont reliés par des fils au boîtier que l'homme cagoulé tient devant lui. Impossible, en revanche, de voir si la porte est piégée pour exploser à l'ouverture.

Une information arrive au PC opérationnel. La commune de Sainte-Geneviève-des-Bois nous signale qu'il y a une dizaine d'années, une prise d'otages a eu lieu dans une classe près d'Étampes. La brigade criminelle vérifie si l'affaire de Neuilly peut avoir un rapport avec cette vieille histoire. Aucune piste n'est négligée, tous les renseignements utiles arrivent jusqu'à notre poste de commandement opérationnel. Quelques ~~minutes~~ auparavant, nous avons appris qu'une certaine Mme J. avait dénoncé, en appelant la mairie de Neuilly, son fils comme pouvant être le preneur d'otages. La Crim a vérifié immédiatement. Depuis ce matin 10 heures, toute la police parisienne est opérationnelle. Toutes les plaques d'immatriculation des voitures ou motos stationnées dans le voisinage de l'école ont été passées au fichier des cartes grises. Les identités de leurs propriétaires ont ensuite été soumises à tous les fichiers des personnes recherchées, pédophiles, terroristes ou malades mentaux. Les hommes de la police judiciaire de Claude Cancès sont sur les dents. Dans les bureaux des RGPP (Renseignements généraux de la préfecture de police de Paris), on essaie de faire des rapprochements ou des recoupements avec des affaires pouvant avoir un lien avec ce qui se passe ici. Même chose à l'identité judiciaire, où les techniciens de la police scientifique du commissaire Richard Marlet tâchent de « faire parler » les documents remis par HB en cherchant d'éventuelles empreintes digitales ou le plus infime indice laissé sur le papier.

Au ministère de l'Intérieur, rue des Saussaies, la 6e division centrale de la police judiciaire est elle aussi sur la brèche. Les limiers de la lutte antiterroriste cherchent s'il peut exister un rapprochement entre la terminologie des textes remis par HB et des documents archivés de revendications d'actes terroristes antérieurs.

Catherine Ferracci, médecin au SAMU des Hauts-de-Seine, entre pour voir les enfants. Elle reste plus d'une heure et ressort au moment où arrive la première partie de la rançon, un gros sac en toile contenant 5 millions de francs, traîné dans le couloir par des collègues policiers. L'institutrice sort pour nous annoncer que l'homme est prêt à libérer un enfant contre un poste de télévision avant 19 heures. Elle reste pour le moment à l'extérieur de la classe. À partir de là, curieusement, HB ne parlera plus de l'ultimatum.

À 17 h 52, la petite Hanna est libérée en échange du téléviseur. Le Dr Ferracci entre de nouveau dans la classe. Les négociations se poursuivent à travers la cloison entre le preneur d'otages, Nicolas Sarkozy et Louis Bayon.

En ressortant, le médecin fait le point avec nous dans le PC opérationnel. Elle a parlé avec lui en privé. Elle nous décrit un homme calme et déterminé. Très déterminé. L'information est importante.

Pendant ce temps, le maire de Neuilly vient d'obtenir la libération d'un onzième enfant, Quentin, contre un million de francs. Le garçonnet disparaît déjà dans le couloir, emporté par un collègue du RAID.

La porte de la classe s'est refermée, nous laissant face à cet écriteau que personne n'ose décoller : SI LA POLICE PÉNÈTRE ICI, JE FAIS TOUT SAUTER.

Depuis la fin de la matinée, les hommes du PC technique, installé en face la salle de classe, écoutent et enregistrent toutes les conversations à l'intérieur de la classe, et viennent régulièrement nous informer de ce qu'ils entendent. HB est en train de déplacer des meubles en essayant de faire le moins de bruit possible. Nous pensons qu'il change la configuration des lieux afin de nous empêcher de préparer une éventuelle intervention.

Le collègue du PC me fait un signe de la main. Je m'approche : le commissariat de Neuilly nous informe d'un appel d'une Mme D. qui pense que son ex-gendre pourrait être le preneur d'otages.

Les choses se précisent. Peu avant 19 heures, l'homme annonce qu'il libérera un enfant si on lui amène un journaliste de TF1. La décision est rapidement prise et, quelques minutes plus tard, Nicolas Sarkozy s'approche de la grille de l'école et lance à la cantonade :

— Y a-t-il un journaliste de TF1 ici ?

Jean-Pierre About, grand reporter pour la première chaîne, est dans son jour de chance. Le scoop est pour lui. Contre la libération d'un enfant, il va pouvoir entrer et rencontrer celui que tous les journalistes rassemblés ici rêveraient de voir eux aussi.

Le journaliste de TF1, grand et élégant, pénètre dans le couloir, visiblement inquiet. Nous le reconnaissons pour l'avoir vu souvent intervenir au cours des journaux télévisés. Personnellement, je suis un peu étonné de sa présence. Il est plutôt chargé habituellement des grands reportages.

Jean-Pierre About a le visage grave. Avant son entrée, il a eu droit à une mise en condition dans le PC autorités. Un psychiatre lui a expliqué qu'il ne devait surtout pas se risquer à faire la morale au preneur d'otages ni lui dire qu'il n'avait aucune chance de s'en sortir. L'homme pourrait paniquer et tout faire sauter.

Le patron du RAID essaie d'emboîter le pas à Jean-Pierre About dans la salle de classe.

— Pas vous ! crie HB. Vous, vous restez à la porte. Je ne veux voir que le journaliste !

Puis, respectant sa parole, il laisse sortir une élève. C'est la douzième. Elle s'appelle Paula.

L'entrevue avec le reporter va durer quatre minutes.

— Les journalistes racontent n'importe quoi. Je ne suis pas noir. Ce n'est pas une prise d'otages politique. Ma seule revendication est une rançon de 100 millions de francs en billets usagés. Je ne veux pas faire le moindre mal aux enfants mais, si la rançon ne m'est pas versée ou si les policiers tentent de m'arrêter, je suis prêt à tout faire sauter.

L'homme sort de son sac des documents qu'il tend au journaliste, dont un article du *Journal du dimanche* daté du 9 mai 1993 relatant l'attentat commis la veille dans le parking de l'avenue du Roule à Neuilly.

— HB, c'est moi, dit-il[1].

Le journaliste lui demande ce que signifie « HB ». Pas de réponse.

Jean-Pierre About ressort avec, en main, les mêmes documents que ceux remis par HB au maire de Neuilly quelques heures auparavant. Le texte relate ses exigences et l'organisation de son « exfiltration » pour échapper à la poursuite des journalistes lorsqu'il quittera l'école. Il a dû passer des jours à élaborer une pareille stratégie. Je l'imagine devant son ordinateur à taper son texte jusqu'au milieu de la nuit. J'essaie de me représenter cet homme assis à son bureau à rédiger le plus macabre des scénarios pour échanger une classe de maternelle contre 100 millions de francs.

Et je me demande où vont nous conduire toutes ses incohérences.

Le retour de Louis Bayon me tire de mes songes. Il est accompagné d'une femme en blouse blanche et nous présente Évelyne Lambert, médecin-capitaine à la brigade des sapeurs-pompiers de Paris, qui va nous assister. Les ordres sont clairs : le preneur d'otages ne doit pas savoir qu'elle est militaire. Il va la présenter comme une pédiatre venue remplacer Catherine Ferracci qui ne veut plus entrer dans la classe. Le patron cueille Jean-Pierre About qui vient

1. Jean-Pierre About, *HB, 46 heures qui ont bouleversé la France*, Paris, Calmann-Lévy, 2005.

de sortir et lui prend des mains les documents que HB lui a remis en prétextant que nous pourrions y trouver des empreintes digitales.

Les enfants s'apprêtent à prendre leur troisième repas dans la classe. L'institutrice est revenue et avec elle entre Évelyne Lambert. Des plats chauds sont servis.

Nouvelle offensive de Nicolas Sarkozy. HB veut voir les parents et il libérera des enfants. Le maire de Neuilly ressort avec Florian dans les bras. C'est le treizième enfant libéré. Il en reste encore huit.

Peu avant 20 heures, HB accepte de laisser sortir Laurence Dreyfus, qui doit téléphoner pour régler le problème de la garde de son bébé. Le preneur d'otages est seul avec le capitaine des pompiers Évelyne Lambert. Il lui demande d'allumer la télévision et de sélectionner la première chaîne. L'affaire de la maternelle fait l'ouverture du journal de 20 heures. En direct de la rue de la Ferme, Jean-Pierre About fait une prestation volontairement mesurée. Dans le PC opérationnel, les collègues ont les écouteurs rivés aux oreilles pendant que nous sommes prêts à intervenir. À ce moment-là, notre crainte est que l'homme tente quelque chose pendant que les caméras de TF1 filment en direct Jean-Pierre About devant les grilles de l'école.

Le journaliste rend l'antenne. Dans la classe, l'homme est satisfait de la prestation.

Nouvel appel au PC opérationnel. Une Mme L. a contacté la police pour indiquer que son ex-ami, Patrick M., pourrait être HB.

Un chien détecteur d'explosifs longe le mur de la classe sans manifester le moindre signe. Nouveaux bruits de déplacements de meubles derrière la cloison. Il est un peu plus de 21 heures, les enfants se sont endormis mais l'un d'eux est fiévreux. HB le laissera sortir contre la visite des parents ou contre la totalité de la rançon. Le médecin rentre avec des liasses représentant une partie de la somme demandée. L'homme refuse et exige le paiement de la totalité de la rançon. Le patron du RAID fait apporter un sac renfermant un million de francs qu'il remet au médecin. HB refuse. Il veut maintenant s'entretenir avec les parents, la remise de la totalité de la rançon et l'application de ses consignes écrites pour organiser son départ.

Il est 21 h 40. La nuit s'installe et la fatigue se ressent. La communication se fait maintenant grâce à un téléphone qu'il a fini par accepter. Il décroche à la première sonnerie pour entendre Louis Bayon lui dire que la rançon ne lui sera pas versée dans ces conditions. Et le patron d'ajouter :

— Point final !

Nouvelle exigence un quart d'heure plus tard. Cette fois-ci, il veut un interphone pour communiquer avec les parents. Nicolas Sarkozy est d'accord si un enfant est libéré. Par ailleurs, Laurence Dreyfus accepte de sortir et d'aller se reposer mais exige de pouvoir revenir et entrer dans la classe quand elle le voudra. C'est entendu.

Le maire de Neuilly téléphone pour négocier un échange père-enfant. HB ne décroche pas.

Vers 23 heures, le père et la mère de deux des enfants avancent dans le couloir. La maman a les yeux rougis. La frayeur se lit sur son visage. Nous avons maintenant posé casques, cagoules et gilets pare-balles. Nous avons sans doute un aspect un peu plus humain. Nous lui sourions dans l'espoir de la rassurer. Elle essaie de nous répondre mais ses lèvres se figent dans un vilain rictus. Elle ne tiendra pas le choc si elle entre là-dedans.

Sur le seuil, M. Bayon propose la remise d'un enfant contre une partie supplémentaire de la rançon. L'homme accepte et un nouveau sac d'argent est déposé dans la classe. Le petit Charles-Emmanuel est libéré. C'est le quatorzième enfant. HB refuse d'en libérer un autre.

J'assiste à la scène depuis le couloir. Voici la retranscription exacte de la cassette n° 2, face A, enregistrée à cet instant précis par notre PC opérationnel (qui sera versée par la suite au dossier d'instruction) :

HB [à Louis Bayon] : Fermez la porte, s'il vous plaît, vous remettez tout dans le sac, j'en veux pas. Je veux voir M. Sarkozy.
Nicolas Sarkozy : Qu'est-ce qu'il y a ?
HB : Vous pouvez entrer, hein, je vous ferai pas de mal.
NS : Qu'est-ce qu'il y a ?
HB : Il y a combien dans ce sac, monsieur ?
NS : Pardon ?
HB : Il y a combien dans ce sac ?
NS : Je l'ai reçu de la banque, il y a 25 millions et j'ai encore deux sacs qui sont là, ils sont à votre disposition, pas de problème.
HB : Il y a 25 millions là ?
NS : Vous avez ma parole d'honneur, et il y a des devises et j'ai deux sacs encore qui sont là.
HB : On vient de faire le compte *[avec le médecin et l'institutrice]*.
NS : Vous pouvez les compter. Là, regardez, vous voulez que je vous les donne, les deux autres sacs ?
HB : Non, non, on vient de faire le compte de ce qu'il y a dans ce sac-là.

NS : Il y a encore ça, donnez-moi l'autre. J'ai encore ça, c'est la banque qui me l'a envoyé. Moi, je suis pas banquier, vous pouvez me croire.
HB : Il est à combien le dollar aujourd'hui ?
NS : Le dollar ? Il est à 5,70 francs.
HB : Et le mark ?
NS : Le mark, il est à 3,85 francs.
HB : Alors, il y a 1 815 000 francs dans votre sac.
NS : Oh ! il y a plus, monsieur, regardez...
HB : C'est elles *[le médecin et l'institutrice]* qui font le décompte des billets, hein ! Ça, j'y peux rien, ou alors elles savent pas compter !
NS : Vous savez, j'ai deux sacs-là.
HB : Elles vont recompter, il y a dix fois moins que prévu. Il y a vingt fois moins que prévu.
NS : Vous avez compté ce qu'il y a dans ces sacs ?
HB : Non, non, mais dans celui-ci...
NS : Moi, j'ai demandé, monsieur... Vous vous rendez compte, à 3 heures de l'après-midi, vous m'avez demandé à moi de vous apporter en billets...
HB : 100 millions !
NS : Des billets qui étaient... Je vous ai dit 100 millions, c'est pas en mon pouvoir, des billets qui étaient pas truqués, des billets qui venaient de la banque, vous pouvez les ouvrir, ils sont usagés. Vous m'avez demandé des devises, il y a trois sacs qui sont là, pleins. Ces sacs, je vous les donne, monsieur, je n'en veux pas de cet argent, je veux pas le garder, il est pour vous, pour que vous soyez heureux, pour que vous puissiez vivre avec ce pognon, c'est ça, c'est toi, moi, c'est la seule chose que je souhaite. Comptez-moi cet

argent et donnez-moi la petite, comptez-le. Il est pour vous.
HB : On va être obligés parce que, dans le premier sac, il y avait vingt fois moins que prévu.
NS : Moi, j'ai confiance en vous si vous n'avez pas confiance en moi. C'est la différence entre nous, moi je vous fais confiance. Vous croyez que vous pouvez pas vivre heureux avec ça ? Regardez ces deux énormes sacs qui sont là !
HB : Vous croyez qu'ils vont me laisser vivre là-haut ? *[Le preneur d'otages parle des snipers du RAID.]*
NS : Moi, vous avez ma parole. On touchera pas à un seul de vos cheveux si les mômes sortent vivants. On touchera pas un seul de vos cheveux, c'est moi qui m'en porte garant. C'est moi qui conduis les opérations et personne d'autre. [...] Vous me devez les gamins et vous, vous risquez rien. Vous prenez votre pognon et vous vous en allez. Il y a la voiture, il y a le pognon. Je suis décidé à vous donner ce qu'il y a... Bon, simplement, ne me demandez pas 100 millions parce que 100 millions même le bon Dieu, il peut pas les trouver. Moi, j'ai donné tout ce que j'avais. J'ai mobilisé tout l'argent liquide qu'il y avait. Je peux pas faire plus, il faut me croire. Je vous ai jamais menti, j'ai pas l'impression de vous mentir. Donnez-moi la petite...
[...]
HB : Parlez pas trop fort, vous allez réveiller les enfants !
NS : Mais oui, vous avez raison, ça prouve que vous êtes quelqu'un de bien. Ça prouve... je l'ai toujours dit. C'est ce que je me tue à dire à la police !

Trente minutes après, Laurence Dreyfus est revenue. HB lui demande, ainsi qu'à Évelyne Lambert, de l'aider à compter l'argent contenu dans les sacs. La conversation est surréaliste. La voici, retranscrite sur la face B de la même cassette n° 2 :

Laurence Dreyfus : Moi, j'en veux pas, hein, je veux pas de café.
HB : S'il en faut, on en rapporte.
LD : Non, non, c'est bon, c'est bon.
HB : Vous avez goûté lequel ?
Évelyne Lambert : Qui ça, moi ?
HB : Ouais.
EL : Ben, je sais pas, il y a deux tasses [...] normalement, deux pour nous... Je sais pas. Ils ont dit qu'ils nous en ramenaient d'autres. De toute façon, vous voulez que j'en goûte une et que je vous la donne après ?
HB : Ouais.
EL : Vous prenez combien de sucres ? Je m'approche, vous prenez combien de sucres ?
HB : Un sucre.
LD : J'avale encore une gorgée de café et ça y est, l'odeur, ça me dérange pas.
[...]
HB [parlant d'une enfant] : Il y en a une qui se réveille là.
[Les deux femmes chuchotent.]
HB [parlant de l'argent] : La prochaine fois, ils mettront ça dans un seau. [...] À votre avis, c'est Sarkozy qui s'est foutu de moi ou c'est la banque qui s'est foutue de moi ?

[Son inaudible.]
HB *[parlant de l'argent]* : Il va falloir du monde pour porter ça après dans la voiture !
LD : Ils pouvaient pas vous faire un chèque ? C'est dommage. *[Elle se remet à compter l'argent.]* Bon alors, dix, dix...
HB : Toujours des 100 francs ?
LD : Oui !
HB : Ils avaient vraiment plus que ça en stock !
[...]
HB : Vous avez une bouteille d'eau ?
EL : Oui.
HB : Vous en avez bu ?
EL : Elles sont vissées. Moi, j'en ai bu tout à l'heure.
HB : La dame va en boire un petit peu !
EL : J'en ai bu. Elles sont vissées.
HB : C'est bon pour la ligne !
EL : Ben merci, c'est sympa... Vous êtes vexant !
HB : J'ai pas dit que vous en aviez besoin...

Sa voix est plutôt rassurante. Il a l'air détendu. Il évoque ensuite son intention de partir dans la matinée.

Dans le PC autorités, les réunions se succèdent. Le patron de la PJPP, Claude Cancès, est toujours là, ainsi que Borel-Garin, numéro deux du RAID qui vient de rentrer en urgence de province où il était en mission, le préfet Hardy et Claude Calisti, le patron du laboratoire central de la préfecture de police, spécialiste – et expert devant les tribunaux – en explosifs. Le ministre de l'Intérieur Charles Pasqua vient d'appeler pour parler à Louis Bayon. Le patron est parti aussitôt pour prendre la communication. Laurence Dreyfus, elle, fait des va-et-vient.

Peu avant 1 heure du matin, Nicolas Sarkozy est de retour. Le ministre s'arrête à notre hauteur et pose au sol une mallette. Nous bavardons quelques instants avec lui comme nous le ferons à de nombreuses reprises pendant toute la durée de la prise d'otages. Il nous parle de nos équipements, nous demande si nous n'avons pas trop chaud, s'inquiète de savoir si nous avons mangé, si nous nous sommes reposés un peu et si on va nous relever.

Nous ne sommes pas coutumiers de voir un homme politique agir avec une telle énergie. Au fur et à mesure des heures qui passent, il est de plus en plus à l'aise dans la négociation. Par moments, il faut même le retenir, l'empêcher d'avancer dans la salle en le bloquant par la ceinture de son pantalon. Je n'ai pas le souvenir, après vingt ans passés au RAID, d'avoir vu un magistrat, un préfet ou un politique intervenir aussi directement dans une prise d'otages en prenant autant de risques. Car, si nous disposons d'équipements spéciaux, le maire de Neuilly, lui, reste en costume.

Mais ses interventions déstabilisent le preneur d'otages. « Sarko » le domine mais l'agace aussi, et cela nous inquiète un peu car il ne faut pas que le maire de Neuilly en fasse trop.

HB est d'accord pour le recevoir. Le ministre du Budget attrape sa mallette et entre en la tendant devant lui :

— Voilà encore 5 millions de francs, monsieur...

Du fond de la classe, Laurence Dreyfus se précipite avec un enfant qu'elle blottit dans les bras du ministre. Elle s'appelle Mélanie. L'institutrice sort de la classe. Il reste maintenant six enfants, six fillettes au milieu des explosifs.

L'homme ne laissera sortir plus aucun autre enfant... mais ça, nous ne le savons pas encore.

la célèbre phrase de marchand de tapis de Sarko "donnez moi encore ce p'tit noir là !" n'est pas retranscrite.

Vers 1 h 15, nous nous réunissons et évoquons, pour la première fois depuis notre arrivée, la possibilité d'une intervention. Nous restons tout de même relativement confiants sur une issue positive car HB semble relâcher peu à peu sa pression.

Il est 1 h 27. Le procureur de la République de Nanterre quitte les lieux et rentre chez lui. Pour l'instant, Pierre Lyon-Caen n'a pas encore participé aux négociations. Les parents des six dernières enfants ont été installés dans une salle où ils pourront passer la nuit. Sarkozy va les rejoindre pour les rassurer et leur expliquer comment se passent les négociations. Les parents des enfants libérés sont tous rentrés chez eux.

À l'intérieur de la classe, nous entendons Évelyne Lambert discuter avec HB. À 2 h 50, elle sort et laisse les enfants seuls avec lui.

Nous nous préparons pour une nuit de veille. Nous dormirons deux heures chacun à tour de rôle. En tant que responsable, j'essaie de faire des pauses sommeil flashes entrecoupées de visites au PC et d'entretiens avec le patron. Je viens aux nouvelles.

Il faut éviter de trop penser. On entend des enfants qui se réveillent et qui appellent leurs parents, d'autres qui font des cauchemars et n'arrivent pas à dormir. D'un point de vue psychologique, la situation devient compliquée. Les enfants ne sont pas chez elles et se réveillent en permanence. Concernant l'hygiène, les médecins sont également préoccupés. Les enfants font leurs besoins dans des pots. Nous pensions pouvoir maîtriser l'homme quand il se rendrait aux toilettes, mais le PC technique nous a signalé des bruits d'écoulement dans la salle de classe. HB fait pipi dans l'évier qui est juste derrière lui !

Nous nous entretenons régulièrement au téléphone avec les collègues du RAID appelés en renfort à Bièvres. Ils viendront nous relever en début de matinée. Ce sont eux qui vont nous faire réaliser l'importance que prend la prise d'otages dans les médias. À l'intérieur, nous n'avons ni radio, ni journaux, ni télévision. Nous sommes en vase clos.

Je jette un œil aux messages arrivés au PC opérationnel. La police judiciaire tente toujours d'identifier le preneur d'otages dans l'espoir d'amener ici un membre de sa famille. La brigade criminelle a vérifié s'il pouvait s'agir d'un ancien instituteur renvoyé récemment d'une école de Neuilly-sur-Seine, la brigade de recherche et d'intervention a toujours des équipes stationnées dans le quartier et sur les grands axes de fuite environnants au cas où l'homme déciderait soudain de sortir.

C'est une situation irréelle. Le couloir s'est vidé. Il n'y a plus que HB et nous dans cette nuit douce de printemps. Les portes du couloir menant vers l'extérieur sont ouvertes. Laurence Dreyfus et Évelyne Lambert entrent et sortent sans bruit, à intervalles réguliers. Nous sommes là et nous pourrions presque le toucher mais c'est impossible. Il est comme un personnage de science-fiction dans une bulle qui le protège et qui explosera si nous approchons. Il nous nargue et tient en haleine des dizaines d'hommes prêts à lui sauter dessus. Tous se posent la même question : et si ces explosifs étaient complètement bidon ?

C'est frustrant. Chacun d'entre nous s'est entraîné pendant des centaines d'heures pour faire face à toutes les interventions possibles. Nous maîtrisons les techniques de combat. Nous sommes des spécialistes en boxe et arts martiaux en tous genres. Trois secondes nous suffiraient pour terrasser l'homme qui se trouve derrière cette cloison et nous ne pouvons rien contre lui. Il nous tient à sa merci avec sa machine infernale.

Nous sommes des dizaines de policiers, pompiers, infirmiers, médecins, administratifs, politiques et, en face, il y a cet homme seul adossé à une cloison donnant sur l'extérieur, sur cette cour où tout le monde va et vient. Il est à trente centimètres, juste derrière ce mur de béton, et nous sommes tous à nous demander comment faire, à nous tourner vers ceux qui négocient en espérant qu'ils sauront, comme des orfèvres, trouver les mots pour changer le cours des événements.

Je ressens comme un écœurement, un sentiment d'impuissance qui me donne la nausée. Depuis notre arrivée, nous accompagnons et protégeons des négociateurs mais nous ne maîtrisons rien. Nous subissons une sorte d'attentisme, un peu comme des spectateurs, et cette impression de ne pas intervenir dans la gestion de l'événement est très désagréable.

En arrivant hier matin avec Louis Bayon et Fanfan, notre intention première était de lui sauter dessus et c'est cette lampe rouge au bout de sa main qui nous a arrêtés. Peut-être aurions-nous dû suivre notre intuition première et prendre le risque ?

Je suis parti pour quelques minutes dans un sommeil paradoxal. Je flotte dans un rêve où j'ai l'impression d'avoir attrapé quelque chose mais ma main est vide.

Nous nous relayons dans une salle de repos improvisée au bout du couloir. À tour de rôle, les gars vont s'asseoir quelques minutes et boire un café. La position debout dans le couloir est épuisante et la tension nerveuse n'arrange rien.

Malgré la fatigue, nous évoquons ce que nous sommes en train de vivre. Chacun avance des hypothèses sur cet homme et sur ce qui se passe dans sa tête, mais la conversation tourne en rond. Nous en arrivons rapidement à parler de l'intervention et des possibilités qui s'offrent à nous. Toutes nos belles constructions se heurtent systématiquement à la question des explosifs. Si la version qu'il a donnée dans son texte de huit pages est crédible, son système a un double mode de fonctionnement. Le piston qu'il tient à la main peut déclencher l'explosion soit par pression, soit par relâchement. Et la lampe rouge montre que l'ensemble du dispositif est en mode de fonctionnement par relâchement.

Dès lors, que pouvons-nous faire ?

Dans la classe, HB ne dort pas. Évelyne Lambert et lui parlent doucement comme un couple soucieux du sommeil de ses enfants. Il est un peu plus de 4 heures. La capitaine des pompiers lui demande pourquoi il a exigé 100 millions de francs. Sa réponse est à l'image de l'idée folle de prendre en otage une classe de maternelle :

— Parce que je n'ai pas une chance sur 100 millions de m'en sortir !

S'il ne s'était pas mis dans cette situation, nous pourrions presque avoir de la sympathie pour cet homme que nous entendons évoquer sa déprime et son envie de se suicider.

Le jour se lève. L'activité reprend de part et d'autre du couloir. Les pompiers et le SAMU viennent aux nouvelles. Dans la classe, les enfants s'éveillent. Dans le magnétophone du PC opérationnel, la cassette n° 5, face A, enregistre les premières paroles de la journée :

HB *[aux enfants]* : Vous avez bien dormi ? Vous allez être sages, gentilles. Vous allez être mignonnes ?
Enfant : Oui.
HB : Non, Laurence *[l'institutrice]* elle va revenir. Vous voulez regarder la télévision ?
Enfant : Oui.
HB *[à Évelyne Lambert]* : Vous pouvez essayer de la mettre dans le coin, sur cette prise. Peut-être qu'elle marchera bien.
Évelyne Lambert : OK, je vais voir. Je finis de nettoyer...
Enfant : Je voudrais regarder la télévision.
EL : Oui, je vais la changer de place, bouge pas.
HB : Dites-leur que je les autorise à percer un trou dans la fenêtre pour passer un câble s'ils veulent mettre une antenne extérieure, pour les gosses...
EL : D'accord...
HB : Ça occupera les enfants. Ou bien qu'ils mettent un magnétoscope avec des cassettes. Ils peuvent bien faire ça. Ça leur coûtera pas grand-chose.

Il est 7 heures et Laurence Dreyfus revient dans sa classe. Nous la laissons passer. Les six fillettes vont prendre leur premier petit déjeuner d'otages. Cassette n° 6, face B :

Enfant : C'est à moi le biberon.
HB : C'est à toi quoi ?
Enfant : Le biberon !

HB : Tu veux qu'il soit chaud ?
Enfant : Oui !
HB : On va te le chauffer. On va le faire chauffer ?
Enfant : On fait chauffer !
HB : Y a quelqu'un qui va venir et qui va aller te le faire chauffer...

Après une nuit blanche, Évelyne Lambert est partie prendre une douche et changer de vêtements à la caserne Masséna.

Tout le monde marche au café.

À 8 h 50, un médecin du SAMU qui vient d'entrer dans la classe ressort affolé et nous informe que HB s'est peint les parties visibles du visage derrière sa cagoule, harnaché avec du papier adhésif et qu'il se prépare à nous attaquer.

Nous remettons nos équipements : gilets, casques, armes. Tout est prêt. Il peut sortir. J'ai laissé ma visière relevée pour pouvoir mieux apprécier la situation si nous devons intervenir dans le couloir. À l'épreuve des armes de poing, ces visières en Plexiglas d'un centimètre d'épaisseur gênent parfois dans l'estimation des gestes ou des distances. Ajoutées au poids du casque, c'est un cauchemar pour les vertèbres cervicales.

Nous l'attendons, plaqués contre la cloison. Un autre groupe est posté à l'extérieur au cas où il sortirait par les portes-fenêtres de la cour. Je regarde les gars derrière moi. À travers les visières, on distingue des yeux rougis par la fatigue. Les visages nets d'hier sont marqués par la traversée d'une mauvaise nuit. Les gars ont des gueules de marins mal rasés tirant leurs filets à l'aube. Nous sommes là, haleine contre haleine, et j'ai l'impression d'avoir mâché un rouleau de pièces de vingt centimes.

La porte s'ouvre. C'est Laurence Dreyfus qui sort.

L'institutrice a du mal à se contenir. L'homme est fatigué et commence à avoir des hallucinations. Il demande que l'on recolle du ruban adhésif sur les fenêtres car il se sent observé. Il vient de lui annoncer, en réponse à la proposition que lui a faite le procureur de la République des Hauts-de-Seine, qu'il refusait de se rendre.

Inconscientes du danger, les six fillettes rient et s'amusent.

Un nouvel appel de dénonciation parvient au PC opérationnel. Le commissariat de police de Houilles, dans les Yvelines, nous informe qu'un M. L. a appelé pour nous prévenir que le preneur d'otages pourrait être un certain Philippe P. Les vérifications sont en cours.

À l'intérieur, HB est en train de s'énerver. Le chahut des enfants l'insupporte. On l'entend crier. Il refuse qu'Évelyne Lambert entre dans la classe. Il refuse également de négocier avec Louis Bayon et il ne veut plus parler avec Nicolas Sarkozy. Réunis au PC opérationnel, nous commençons à nous poser de sérieuses questions sur ses motivations réelles. Il a maintenant une grande partie de l'argent qu'il exige et refuse de partir. Ce n'est pas le comportement d'un voyou ou d'un braqueur. Deux psychiatres différents sont appelés sur place parce que le profil de cet homme nous affole. Ce qui est en train de se passer est totalement déroutant et nous ne comprenons plus sa stratégie. Je crois que c'est là que tout va vraiment basculer et que tout le monde sur les lieux réalise qu'il y a quelque chose d'irrationnel dans son comportement. Dans le PC opérationnel, les gars ont les écouteurs collés aux oreilles. À ce moment-là, l'homme va prononcer une phrase dans laquelle se trouve un message qui va nous échapper sur le moment. C'est à la relecture des écoutes retranscrites de la cassette n° 6, face B, que ses propos me frapperont :

> HB : Je vais pas crier... *[inaudible]*. Je peux vous dire qu'on est tous très énervés. On verra demain où j'en suis... *[inaudible]* mais parce que je veux ma *[sœur]*. Vous faites ce que j'ai dit... *[inaudible]*.

C'est le mot « sœur » que nous aurions dû entendre. Peut-être aurions-nous pu entrer et lui parler de cette sœur qu'il évoquait et dont nous saurons par la suite l'importance qu'elle avait pour lui et lui pour elle.

Nouvel appel au PC. Le commissariat de Belleville nous prévient que le preneur d'otages pourrait être un dénommé Francis D.

La relève est arrivée. Des gars du RAID, frais et dispos, prennent place dans les deux groupes d'urgence toujours positionnés près des portes de la classe. Tout l'effectif du service est maintenant sur place. Cinquante-cinq gars au total tous grades et toutes fonctions confondus. Il ne reste à Bièvres que les secrétaires.

Quand ils viennent nous relever, nous ressentons comme un sentiment d'injustice. Depuis notre arrivée hier matin, nous avons l'impression que cette opération nous appartient un peu. Plus qu'à eux qui viennent d'arriver. Nous avons fait une grande partie du travail et une équipe fraîche vient nous prendre l'affaire. À ce moment-là, la fatigue est oubliée et certains vont avoir du mal à laisser leur place. En même temps, nous sommes des professionnels et sachant que cela peut durer encore longtemps, il n'existe pas d'autre solution que de se faire remplacer.

En ce qui me concerne, je suis chef de groupe et je peux choisir : je décide de rester à la tête de l'équipe qui surveille la porte principale. J'irai me reposer un peu plus tard.

Sur les toits des immeubles voisins, les snipers ont également été relevés. Éric Bonnichon, mon copain et partenaire de chasse, range son fusil PGM en calibre 7,62 et va se reposer...

HB reste seul avec les enfants. À l'intérieur, la situation se détend. Il s'adresse aux petites (cassette n° 7, face B) :

HB : Qui sait compter ?
Enfant : Moi, moi. Un, deux, trois, quatre, cinq, six, sept, cinq, dix-sept...
HB : Tu sais ? Vas-y...
Enfant : Un, deux, cinq, sept...
HB : ... six, sept, huit, neuf...
Enfant : Neuf...
HB : Dix...
Enfant : Moi !
HB : Allez, vas-y toi !
Enfant : Neuf, vingt...
Enfant : Et moi, j'ai pas fait !
HB : Do...
Enfant : Do !
HB : Ré... do, ré, mi, fa...
Enfant : Fa...
HB : Vous connaissez une chanson ?
Enfant : Ouais, ouais !
HB : Qu'est-ce que vous connaissez comme chanson ?

Enfant : Moi, je connais une chanson... Verlaine qui tourne *[inaudible]*. La baleine *[inaudible]* elle va vous manger le nez. Ça, c'est Laurence qui nous a appris !

La suite est sur la cassette n° 8, face A :

HB *[répondant à une enfant et parlant de lui]* : Le monsieur, il s'appelle bandit.
Enfant : Toi, tu es un bandit ?
HB : Je suis un bandit, regarde, c'est pas beau les bandits ! Je ne veux pas qu'on m'attaque... c'est pour me défendre. Il y en a qui m'attaquent.
Enfant : Ça veut dire quoi « attaque » ?
HB : Ils essaient de m'attaquer pour me mettre en prison. Voilà, parce que j'ai attrapé les petits enfants...
Enfant : Pourquoi ?
HB : Pour qu'on me donne des sous. Tant qu'on ne me donne pas des sous, je n'ouvre pas la porte. On reste ici !
Enfant : Après, quand on donne les sous, tu ouvres les rideaux ?
HB : Voilà, et on rentre à la maison et moi je m'en vais, mais il faut pas que les policiers m'attrapent sinon ils vont me mettre en prison.
Enfant : Comme nous ?
HB : Non, vous n'êtes pas en prison... Écoute, Charlotte, écoute, les mamans vous les verrez plus tard. Il faut être gentilles... bon, je ne suis pas méchant.
Enfant : Non, tu es pas méchant...

À 12 h 30 (cassette n° 9, face A), une petite fille s'ennuie de ses parents.

Enfant : Je veux appeler mon papa !
HB : Charlotte, doucement, doucement Charlotte.
[Les enfants jouent en criant.]
HB : Allez, Charlotte... Soyez gentilles. Fleur ! Doucement les filles !
[Les enfants jouent sur un fond de radio. On perçoit des chuchotements. Les enfants se disputent une couverture puis la radio est arrêtée.]
HB : Je sais pas, ma puce, je sais pas, t'inquiète pas, je sais pas, c'est pas grave. Non, c'est pas un jeu.
Enfant : Et pourquoi tu es venu ?
HB : Pourquoi je suis venu ?
Enfant : Oui ?
HB : Parce qu'on va me donner beaucoup de sous...
[Les enfants jouent et préparent leurs lits.]
Enfant : Est-ce que je peux dessiner ?
HB : Oui, ne mets pas dans ta bouche, hein ! Viens dessiner ici.
Enfant : Y a plus de feuilles !
[Les enfants jouent et crient.]
HB : Chut, eh bien, donne-lui le feutre noir et va en prendre un autre. Va en chercher un autre.
Enfant : Pourquoi elle pleure ?
HB : Prête-lui, prête-lui un peu. Ben, tu lui prêtes et elle te le reprête.

Il est 13 h 27. Le procureur Pierre Lyon-Caen pénètre dans la classe après avoir négocié son entrée à travers la cloison pendant une demi-heure. HB l'invite à s'asseoir sur une chaise d'enfant. La conversation s'engage entre eux. Le procureur de la République des Hauts-de-Seine a la réputation d'un homme mesuré. Fondateur du Syndicat de la magistrature, son engagement à gauche est notoirement connu. Nous sommes en pleine cohabitation avec un président de la République socialiste et un gouvernement dirigé par un Premier ministre RPR. La donne politique est extrêmement complexe et délicate et nous savons que la bombe de l'école maternelle de Neuilly peut provoquer une onde de choc jusqu'aux plus hautes instances du pays.

HB refuse cette fois que des plateaux-repas soient apportés aux enfants. Dans la classe, les six fillettes sont à bout et lui s'énerve de plus en plus.

Assis face à l'homme cagoulé, Pierre Lyon-Caen essaie de négocier sa reddition. L'autre refuse et émet l'idée de partir avec une élève en otage dans une voiture que conduiraient les parents de la fillette. Dans le PC, les collègues du RAID ont cédé leurs écouteurs aux psychiatres qui froncent les sourcils en écoutant les nouvelles revendications du preneur d'otages.

Le procureur sort une heure plus tard. Il est 15 heures quand la livraison des repas est autorisée dans la classe. HB demande maintenant que soit installée une caméra afin que les parents puissent voir leurs enfants.

Le procureur de la République revient juste après et s'enferme pour une heure encore avec l'homme qui exige maintenant de lire les journaux. On lui apporte tous les quotidiens sauf l'édition de *France-Soir* du jour qui révèle le contenu des documents que le preneur d'otages a remis la veille au ministre de l'Intérieur et dont il a expressément demandé qu'ils ne soient pas divulgués à la presse.

À 18 h 30, une caméra fournie par nos collègues de la DST (Direction de la surveillance du territoire) est installée par notre négociateur, Michel Marie, dans la pièce, conformément à la demande du preneur d'otages qui exige que l'objectif soit tourné vers les fillettes. La retransmission se fait dans le poste de commandement où est installé le moniteur qui réceptionne les images. À partir de cet instant, quelqu'un aura en permanence le regard rivé sur cet écran. Pas question, en revanche, d'accéder aux exigences de l'homme et de laisser les parents voir directement les images de leurs enfants.

Nous demandons aux psychiatres si ces vidéos pourraient avoir un effet encore plus traumatisant sur les parents. Ils nous répondent par l'affirmative. Selon eux, le preneur d'otages n'agit pas par bonté d'âme mais par cynisme. Il prend du plaisir à torturer les parents et aime l'idée qu'on le supplie. Finalement, nous « lui faisons à l'envers » et utilisons à notre profit la caméra qu'il a demandée en décalant l'objectif vers lui et en le surveillant en permanence. Le préfet des Hauts-de-Seine Charles-Noël Hardy veut voir les images.

Le comportement du preneur d'otages est de plus en plus déconcertant. À plusieurs reprises, nous l'avons entendu avoir avec les enfants des échanges incroyables. Il leur parle par moments comme si ces fillettes étaient les siennes. Il est capable avec elles d'attentions, de paroles gentilles. Il répond à leurs questions. Mais quel personnage si énigmatique peut bien se cacher sous cette maudite cagoule ?

Des malles arrivent. Encore de l'argent. Plus personne n'est capable de se souvenir de tout ce qui a déjà été apporté.

Des collègues de la BREC (Brigade régionale d'enquêtes et de coordination) de Versailles escortent la livraison. À leur tête, un certain Christian Lambert, commissaire de police, qui rencontre ici pour la première fois Nicolas Sarkozy. L'un et l'autre ne se perdront plus jamais de vue.

— Et voilà le solde... 40 millions de francs ! lâche Christian Lambert.

Laurence Dreyfus se fraie un passage entre nous. Elle porte des jouets pour les enfants et demande au médecin du SAMU l'effet qu'auraient des somnifères sur les enfants. Les goûters viennent d'arriver avec des draps pour la nuit. À chaque fois que s'ouvre la porte, l'odeur qui s'échappe de l'intérieur est de plus en plus longue à se dissiper. Les « pipis-cacas » des enfants nous envoient des relents nauséabonds. Les petites font leurs besoins dans des pots dont le contenu est ensuite reversé dans un seau vidé à intervalles réguliers.

Trente-deux heures déjà que nous piétinons dans ces vingt mètres carrés de couloir au bout desquels nous avons posé nos sacs. Il nous arrive parfois de rire en opération mais cette fois-ci personne n'a envie de plaisanter. Sans doute parce qu'il y a des enfants et que nous sommes, pour la plupart d'entre nous, des pères de famille. Cette affaire nous noue les tripes.

À la pause, chacun réagit de façon différente. Il y a ceux qui ont besoin de s'allonger ou de se faire masser et ceux qui préfèrent rester debout à boire un café en discutant. Nous échangeons quelques mots avec les autres intervenants, les pompiers, le SAMU et les collègues de la Crim. Il y a une sorte d'effervescence mais le calme domine toutefois.

Zouzou est tendu et ne lâche pas son arme. Même pour aller s'asseoir dans la grande salle, au bout du couloir. Zouzou est notre mascotte après ce qu'il a vécu en août 1989 à Ris-Orangis. Ce jour-là, il a été touché à la jambe, et au plus profond de son être, par une blessure jamais refermée.

Tout le monde est sur le pont. Deux collègues du RAID blessés récemment ont absolument tenu à être là pour aider comme ils le peuvent. Celui au bras cassé porte les cafés avec sa main valide et l'autre, avec sa minerve, répond au téléphone de temps à autre.

Le procureur de la République des Hauts-de-Seine sort d'une troisième heure de négociation. Il n'a obtenu la libération d'aucun enfant.

À 20 h 24, le magnétoscope demandé par HB est apporté dans la classe. Le preneur d'otages s'énerve car il a compris que l'objectif de la caméra destinée à filmer les enfants était dirigé vers lui.

Le procureur vient d'entrer pour la quatrième fois dans la classe. Trois quarts d'heure plus tard, il ressort les traits tirés. L'homme ne veut plus rien entendre. Il exige une arme de poing et veut garder ses explosifs sur lui.

La décision est prise de lui remettre une arme. Nous espérons le persuader ensuite de déposer ses explosifs et savons qu'un homme armé d'un pistolet est beaucoup plus facile à maîtriser.

Il est près de 23 heures. François Santini, le chef de la section d'intervention, entre avec le procureur dans la classe et propose à HB d'échanger ses explosifs contre un pistolet Beretta. Fanfan lui montre comment fonctionnent l'arme et son chargeur. Si HB accepte, c'est gagné et nous savons que nous pourrons le maîtriser rapidement. D'autant que les cartouches que veut lui remettre Fanfan sont des munitions spéciales que nous avons fait charger par l'armurier du RAID et qui ne contiennent pratiquement pas de poudre.

A-t-il senti le piège ? Le preneur d'otages refuse finalement notre offre et préfère conserver ses explosifs. Il a compris qu'il était plus efficace avec cet armement-là qu'avec une arme de poing. À 23 h 07, il fait sortir Fanfan et Pierre Lyon-Caen en expliquant que, tant qu'il n'est pas menacé, les otages ne risquent rien. Il refuse que soient examinés ses explosifs.

Dans la classe, Laurence Dreyfus perd patience et reproche à l'homme cagoulé son opposition à toutes les propositions qui lui sont faites. Le preneur d'otages est en train de se renfermer en lui. Il sent que nous essayons de l'amener quelque part et commence à fatiguer. Cela fait maintenant trente heures qu'il n'a pas dormi.

Les parents des six enfants toujours détenues sont également épuisés. Eux non plus n'ont pas réussi à trouver le sommeil depuis hier matin. Une deuxième nuit d'attente, insupportable, commence pour eux. À minuit, le préfet des Hauts-de-Seine et Nicolas Sarkozy vont les voir pour les rassurer. Peu après, Laurence Dreyfus quitte la classe, épuisée, et part se reposer chez elle.

Au PC opérationnel, la cassette n° 17 enregistre cet échange entre HB et la capitaine des pompiers de Paris, Évelyne Lambert.

HB : Comment il est le couloir ? Il est libre ?
Évelyne Lambert : Non, il y a des mecs qui sont...
HB : En tenue de combat ?
EL : Ils sont habillés en noir mais ils sont pas en tenue de combat. Ils ont pas... euh... J'ai vu qu'il y en avait deux, ils peuvent être en casque, des trucs comme ça.

HB : Ils sont pas mal foutus, hein ? Vous avez pas trouvé votre bonheur ?
EL : Non, non. Je dois avouer que j'ai pas trop regardé non plus.
HB : Vous savez ce que j'ai failli leur dire ?
EL : Quoi donc ?
HB : Quand ils sont venus. Celui qui est venu pour la caméra et celui qui est venu pour le pistolet... Le procureur n'a pas osé lui dire ?
EL : Qu'est-ce que vous leur avez dit ?
HB : Que j'offrais une prime à celui qui visera bien !
EL : Ah ! c'est sûr que c'est bizarre comme état d'esprit.
HB : Vous prenez la prime et puis vous la donnerez à celui qui aura bien visé.

Il est 1 heure du matin, revoilà le procureur. HB veut maintenant une machine à écrire.

Après une heure d'entretien au milieu de la nuit, Pierre Lyon-Caen salue son mystérieux interlocuteur et quitte l'école maternelle sur ces mots :

— Nous nous revoyons demain matin !

Les enfants sont seuls avec HB et Évelyne Lambert.

1 h 30 : le procureur de la République rejoint alors le préfet des Hauts-de-Seine et le patron de la police judiciaire, Claude Cancès, pour faire le point. On évoque alors le « diagnostic » du Dr Gilles Nakab, le médecin psychiatre qui a examiné les documents remis par HB et écouté ses conversations. Selon lui, l'homme est de plus en plus dangereux et un éventuel suicide, personnel, voire « collectif », est à craindre. Le maire de Neuilly ne reste que quelques minutes et part se reposer sur un lit de camp installé dans la loge de la concierge.

À 1 h 45, le patron de la brigade criminelle, M. Cavin, rejoint le PC autorités. Nouveau briefing entre Claude Cancès, Pierre Lyon-Caen et lui. Cette dernière réunion fera l'objet d'un procès-verbal[1].

Cette dernière nuit, le procureur de la République de Nanterre est le seul à rentrer dormir chez lui. Tous les autres acteurs restent sur place.

Je décide d'aller me reposer un peu. Un local a été aménagé pour nous dans le bâtiment situé de l'autre côté de la cour. Une pièce à l'étage où nous pouvons nous détendre un peu et poser notre matériel – notamment notre armement – en toute tranquillité. Je m'allonge sur un lit Picot, ces lits militaires pliants en toile avec des pieds en croix, et j'essaie de m'endormir. Des images défilent dans ma tête : le couloir, les enfants et cet homme. Je me laisse aller mais mon esprit refuse longtemps de céder au sommeil. Comment passer en quelques minutes de l'attention maximum au relâchement total ? Comment échapper à l'intensité d'un tel événement en restant dans sa sphère ? Comment s'endormir sur une poudrière ?

Je me réveille en sursaut. J'ai dormi trois heures. Je me lève en m'efforçant de ne pas faire de bruit. J'entends les respirations régulières de ceux qui dorment. Nous sommes une dizaine d'hommes du RAID dans cette pièce où ont été installés des lits de fortune. Quelques personnes murmurent. Je ne peux plus rester ici sans savoir ce qui se passe en bas. J'ai gardé ma combinaison et mes chaussures. J'ai seulement enlevé mon gilet multipoches et mon pare-balles. Mon casque est à côté. J'ai conservé mon pistolet à la ceinture. Un vieux réflexe.

1. Voir Annexe 3.

À ma montre, il est 5 heures.

Je prends un café à la machine installée dans le hall et je sors dans la cour pour respirer. Je traverse. Le jour est levé mais le soleil n'est pas encore là. Il fait un peu frais. Tout est silencieux.

Je croise une ou deux personnes : un pompier et un employé de l'école qui trimballe des sacs. J'entre dans le couloir où se trouvent toujours nos deux équipes de six. Une dans le couloir et l'autre dans la classe voisine.

Loïc Janot, le chef opérationnel du RAID, n'a pas fermé l'œil, lui. Je l'interroge du regard. Il lève le pouce. Rien de particulier.

Il me demande si j'ai récupéré un peu et m'emmène à l'écart des autres, vers le fond de la salle attenante.

Et là, il lâche :

— On va intervenir. Prépare-toi, tu feras partie de l'équipe de protection...

L'information est passée de lui à moi. Loïc se détend. La nouvelle fait multiplier par trois mon rythme cardiaque. Pour l'instant, j'entends résonner « équipe de protection » et je sais ce que cela veut dire : je serai du binôme qui viendra au plus près de HB. Nous devrons peut-être ouvrir le feu. Et si nous devons faire usage de nos armes, je connais les conséquences de ce genre de situation. Je sais bien ce que cela implique, tant au niveau de la difficulté de l'opération qu'en ce qui concerne les suites personnelles, juridiques ou professionnelles. Je sais cela pour m'être déjà trouvé dans ce type de circonstances. Par le passé, j'ai dû abattre un homme armé qui allait utiliser sa carabine sur mes collègues et moi-même[1].

il devait être en train de la poser !

1. Voir l'affaire de la mosquée de Paris, p. 132 et suiv.

L'idée me traverse l'esprit de lui rappeler cette affaire qu'il connaît bien tant nous avons travaillé ensemble, lui et moi. Même s'il n'est pas question dans mon esprit de refuser la mission, j'avoue que j'y pense un peu.

Je ne m'attendais pas à cette décision d'entrer dans la salle de classe. Le départ de Pierre Lyon-Caen, plus tôt, et cette dernière phrase lancée au preneur d'otages laissaient pourtant augurer une reprise des négociations en tout début de matinée. Visiblement, des décisions ont été prises cette nuit qui m'échappent complètement, sans doute en raison du comportement de plus en plus irrationnel de HB.

Je n'ai rien laissé paraître. Loïc attend ma réponse.

— Oui, j'irai. Pas de problème en ce qui me concerne.

Je sais bien qu'il s'agit là d'une très lourde responsabilité. Non seulement la vie des enfants est en jeu, mais également notre propre sécurité.

J'ai été choisi pour cette mission. C'est extrêmement banal si l'on ramène l'opération à l'échelle du nombre d'interventions effectuées quasi quotidiennement par le RAID (où le chef opérationnel organise l'opération et désigne les équipes), mais c'est aussi un honneur pour moi d'avoir été sélectionné aujourd'hui. C'est une reconnaissance de ma compétence. Dans un service comme le RAID, nous savons que nous sommes tous là pour nos qualités, que nous travaillons, entretenons et développons chaque jour. Pris séparément, chacun d'entre nous sera le meilleur. Sans humilité ni fausse modestie. Entrer au RAID est l'un des plus grands défis dans une vie de policier et y rester est une remise en question quotidienne. C'est aussi l'une des pires épreuves pour la vie d'un couple. Si beaucoup de policiers divorcent en raison d'une vie professionnelle souvent éprouvante, ceux du RAID explosent les statistiques.

L'affaire de la Mosquée ~~est~~ évidement.

Concernant les morts et blessés en service, si l'on ramène les statistiques nationales de la police au nombre de fonctionnaires affectés au RAID, là encore, le groupe est bien au-dessus de la moyenne.

Je suis justement en train de penser à la mort. J'ai le pressentiment que nous ne sortirons pas vivants d'ici et que « Neuilly » pourrait être ma dernière mission.

Je vais dans la petite salle, au fond du couloir, pour m'isoler un peu et faire le point en attendant que Loïc me donne des précisions. Il m'a seulement informé qu'il dirigera la seconde équipe qui entrera par la porte du fond pour évacuer les enfants. André Duquesnoy me rejoint quelques minutes après.

— J'entre avec toi par la porte principale.

Le plan retenu consiste à attendre que HB s'endorme, car il semble maintenant très fatigué, et en profiter pour évacuer les six fillettes. Si tout se passe bien, nous ressortons et le laissons seul dans la pièce. Nous sommes ensuite face à un schéma classique de forcené. Nous devons nous tenir prêts à intervenir à tout moment.

Je prépare mon matériel. Je vérifie mon arme une fois encore, comme toujours avant une opération. Mon chargeur est rempli et correctement introduit dans l'arme. Il y a une balle dans la chambre de mon « Glock 17 L », un pistolet, calibre 9 mm, à canon long, utilisé pour le tir de précision que tous les groupes d'intervention modernes ont adopté. Le mien a une capacité de dix-neuf balles.

Je vais entrer avec mon arme et rien d'autre : pas de chargeur supplémentaire, pas d'arme de rechange, ni casque ni gilet pare-balles. Rien ne doit gêner ni entraver mes mouvements. Je veux être léger et mobile. De toute façon, s'il déclenche sa bombe, même les gilets pare-balles ne nous protégeront pas. Nous mourrons tous, y compris les enfants.

Je garderai seulement ma cagoule pour être moins visible dans la pénombre. La mienne a une ouverture large au niveau des yeux.

De toute ma vie, je crois n'avoir jamais été aussi seul qu'à ce moment. Personne ne me conseille de prendre telle ou telle arme. Personne ne me dit ce que je dois faire une fois à l'intérieur. Je décide de tout.

André Duquesnoy sera derrière moi. L'idée me rassure. Dédé est un athlète de haut niveau, champion de France de boxe française et excellent combattant, admirable, sensible et courageux. Je suis son chef de groupe et Loïc l'a sans doute choisi pour son sang-froid, entre autres qualités, mais aussi en raison des liens très forts qui nous unissent. Il est comme mon « petit frère » parce qu'il est plus jeune que moi et que je l'aime profondément. Nous nous fréquentons en dehors du travail. Je connais ses enfants. Il connaît ma fille. Nous jouons au rugby ensemble et nous avons rempli de nombreuses missions tous les deux pour le RAID. Nous nous complétons.

Je lui explique pourquoi j'ai préféré entrer sans équipement. Il écoute mes arguments et décide d'en faire autant.

Reste maintenant à nous mettre d'accord tous les deux sur notre stratégie une fois à l'intérieur. Cela peut paraître simple, mais nous devons prendre garde à ne pas nous gêner l'un l'autre. Nous devons nous comprendre uniquement par des signes.

Grâce aux informations d'Évelyne Lambert et à nos coups d'œil éclairs dans la classe, nous savons au moins où sont localisés le preneur d'otages et les enfants.

Dédé et moi nous installons dans une salle de l'école et essayons de disposer le mobilier dans la configuration de celle où sont retenues les petites. Nous baissons les rideaux pour avoir la même luminosité. Nous répétons plusieurs fois notre entrée et nos déplacements afin de mesurer le nombre de pas que nous devrons faire, de reconnaître les obstacles à éviter, et de déterminer le temps qu'il nous faudra pour arriver jusqu'à lui.

Nous devons aussi penser aux fils qui relient son déclencheur aux bâtons de dynamite. Il faut surtout avoir un œil au sol et lever les pieds.

Nous refaisons les gestes. Dès qu'on nous donnera le signal, j'ouvrirai la porte avec la main gauche. Mon arme sera dans ma main droite. André me suivra. La porte restera ouverte et nous nous dirigerons dans l'axe de l'endroit où se trouve HB. Nous devrons éviter le mobilier qu'il a déplacé devant lui pour gêner notre approche et avancer le plus longtemps possible hors de sa vue si nous en avons la possibilité. Nous devrons marcher jambes fléchies pour rester hors de sa vue. Nous ne le verrons qu'au dernier moment puisqu'il est couché. Parvenus au meuble bas (une sorte de petite armoire-étagère qui le protège), Dédé partira légèrement sur la droite afin d'avoir l'homme dans l'axe et, dès qu'il sera stabilisé, je reprendrai ma progression, légèrement sur la gauche pour venir au plus près de HB. Ce déplacement sera le plus difficile parce que nous serons à un souffle de lui et qu'il y aura ce moment où nous nous séparerons, Dédé en statique et moi en déplacement vers HB.

Nous décidons que si le preneur d'otages se montre dangereux pendant qu'André est en position statique et moi en mouvement, c'est lui qui sera le mieux positionné pour tirer car je n'aurai pas assez de précision. En revanche, lorsque je serai arrivé auprès du preneur d'otages, ce sera à moi d'ouvrir le feu s'il présente un risque, sachant que je serai alors légèrement dans l'axe de Dédé et que je gênerai son tir.

Nous avons aussi réfléchi aux différentes possibilités de tir. Pour un résultat immédiat, compte tenu des circonstances, la seule possibilité est de viser le cerveau.

Nous savons, d'après nos connaissances en balistique lésionnelle, qu'il n'existe pas de tir immédiatement neutralisant. En clair, même une balle au cœur, si elle assure évidemment la mort, ne garantit pas l'arrêt instantané de l'action de l'individu. Tous les professionnels des armes et du tir connaissent ce que nous appelons « les dix secondes du mort ». De nombreux cas connus à l'étranger, principalement aux États-Unis, ont démontré qu'une personne, le cœur déchiqueté par un projectile, était capable de réagir pendant dix secondes encore[1].

Nous pensons au tir à l'épaule, mais renonçons vite à cette idée. La balistique lésionnelle n'est malheureusement pas une science exacte et il n'existe aucun projectile, tiré par une arme portative, garantissant une immobilisation immédiate quel que soit l'endroit du corps touché. L'efficacité d'un tir ne dépend que de la précision, c'est-à-dire de l'organe touché, puis du nombre de coups délivrés dans un laps de temps le plus court possible et, enfin, des caractéristiques du projectile qui vont optimiser le résultat. Les deux premiers critères ne dépendent que du tireur. Le dernier dépend de l'administration. Or, en France, l'adminis-

1. Voir l'ouvrage de Jean-Michel Di Maio, *Blessures par armes à feu*, Paris, Masson, 1992.

Faux : c'est la force d'impact, quelque soit l'organe. ça justifie le meurtre.

tration ne nous fournit que des munitions blindées inadaptées à une intervention comme celle de Neuilly. Je chargerai donc mon pistolet de balles de marque Federal type « Hydra-schok » 147 grains, rapportées des États-Unis. Leur particularité est d'avoir une tête creuse avec une pointe à l'intérieur qui permet un meilleur « champignonnage » du projectile à l'impact. Ces munitions m'ont été données par des policiers américains lors de mon stage à Prescott. Ce sont les munitions retenues par le FBI en calibre 9 mm Parabellum. En plus de leur efficacité lors de l'impact, elles évitent les « surpénétrations » et les ricochets et sont donc moins dangereuses pour les personnes situées à proximité.

Nous étudions tous les cas de figure. Un tir inapproprié aurait deux conséquences dramatiques : d'abord, si l'homme n'est pas neutralisé, il risque d'actionner sa bombe. Ensuite, si elle est mal placée, la balle risque de déclencher les explosifs. Or nous ne connaissons pas l'endroit exact où sont placés les bâtons de dynamite sur son corps. Nous ignorons où se trouve le dispositif que nous avons vu au départ, ce fameux panneau avec ses interrupteurs. Nous tombons d'accord, Dédé et moi. Pas d'autre possibilité, si nous devons en arriver là, qu'un tir à la tête. Donc, dès que HB sera dans notre champ de vision, nous viserons sa tête... en espérant qu'il ne se réveille pas.

Nous ignorons aussi s'il a posé des dispositifs de mise à feu par contact ou déplacement derrière les portes ou ailleurs dans la classe. Pour l'heure, nous savons seulement qu'il dispose d'un système de déclenchement par relâchement, où il n'a qu'à libérer le bouton-pression pour que tout explose exactement comme une grenade dégoupillée. Il peut aussi avoir prévu des contacteurs sur son corps qui exploseront au moment où nous tenterons une action.

- il est clair qu'à aucun moment les Robocops n'envisagent de seulement l'immobiliser. il faut le tuer - pendant qu'il dort.

Nous ignorons trop de choses pour prendre le moindre risque.

Les artificiers dépiégeurs nous apprennent qu'il existe toujours le même schéma de base dans une bombe : un explosif, un détonateur et une source d'énergie, en l'occurrence une pile électrique. Pour le reste – ou plutôt l'essentiel –, toute l'efficacité d'une bombe tient à l'imagination du piégeur et à la façon dont il va concevoir son dispositif pour la déclencher. Le piège peut être composé de mille façons différentes.

Le plus classique des pièges consiste à attirer l'artificier qui, croyant avoir affaire au système de mise à feu, le déplace ou le neutralise alors qu'il ne s'agit que d'un leurre qui va déclencher le véritable contacteur. Mes formateurs au stage d'artificier dépiégeur du Nedex (Neutralisation et destruction d'engins explosifs) m'avaient raconté un épisode tragique de la Seconde Guerre mondiale où des soldats américains, arrivant devant une ferme abandonnée en Normandie, avaient remarqué des fils de contact disposés en diagonale derrière les fenêtres de la maison. Pensant avoir affaire au système de déclenchement d'une bombe, les GI avaient attaché des cordes aux fenêtres et s'étaient cachés dans le fossé situé en face de la ferme. Quand ils avaient tiré sur les cordes et arraché les fils de contact, c'est le fossé qui avait explosé. Les Allemands avaient imaginé le plus vicieux des dispositifs.

HB n'est sans doute pas aussi tordu, mais il nous a clairement mis en garde sur sa capacité à utiliser les explosifs et sur ses connaissances en la matière. C'est pourquoi nous ne prendrons aucun risque, car il y a des enfants à sauver et c'est à eux que nous devons penser.

J'apprends que c'est Évelyne Lambert, le médecin-capitaine des pompiers de Paris, qui nous donnera le signal d'intervention. Avec elle et Borel-Garin, le numéro deux du service, nous convenons à la fois d'une stratégie d'entrée et du moment de l'intervention. J'ignore alors qu'un somnifère a été versé dans le café de HB, preuve que même au cœur de l'action on ne sait pas tout.

Nous entrerons dès qu'il dormira. Nous savons, grâce au capitaine Lambert, que l'homme se tient éveillé avec des médicaments qu'il a apportés.

À cet instant précis, aucun de nous trois ne fait attention à ce photographe du service qui immortalise notre réunion improvisée. Le samedi suivant, l'image fera une double page dans *Le Figaro Magazine*, accompagnée de cinq autres clichés pris dans l'école.

Borel-Garin nous explique ce qui a été prévu. Une équipe dirigée par Loïc entrera par la porte mitoyenne pour récupérer les six enfants. Chacun une. La difficulté est que cette porte n'a jamais été ouverte. Nous savons qu'une charge explosive est déposée à côté, que des fils partent de l'homme vers cette charge, mais nous ne savons pas s'il existe un autre système de mise à feu. Évelyne Lambert n'a pas réussi à examiner la charge et nous redoutons que la porte ne soit piégée à l'ouverture.

C'est Fanfan qui ouvrira cette porte le premier. Fanfan, c'est François Santini, avec qui j'ai fait le stage d'artificier dépiégeur Nedex. Sa mission consistera à ouvrir la porte et à vérifier qu'elle ne comporte aucun dispositif de déclenchement.

André et moi entrerons par la porte principale, celle du couloir. Elle a été ouverte plusieurs fois puisque c'est par là que se font la négociation, les déplacements, la fourniture des boissons, les entrées et sorties depuis maintenant quarante-cinq heures. L'ennui est qu'une grappe d'explosifs se trouve à proximité et que l'homme peut les déclencher si une personne entre par cette porte sans son autorisation. Dernier point et non des moindres, cette porte a un problème : nous savons qu'elle grince à l'ouverture. Nous décidons, pour cette raison, de demander à Évelyne Lambert de laisser fonctionner le poste de radio qui se trouve dans la salle de classe pour conserver un son d'ambiance qui couvrira les bruits que nous pourrions faire.

Évelyne Lambert fera avec les enfants un jeu qu'on appelle « la tortue » pour que les six fillettes se glissent sous leurs matelas afin d'être protégées en cas d'explosion. Compte tenu du nombre de bâtons, nous savons que les matelas peuvent en partie protéger les enfants si toutes les charges ne partent pas en même temps. En revanche, si HB déclenche l'ensemble de son dispositif, personne ne sortira vivant d'ici, car ce qui tue d'abord, à proximité de l'explosion, c'est l'effet de *blast*, c'est-à-dire un grand volume de gaz dégagé dans un laps de temps très court associé à une grosse source de chaleur dans un lieu confiné... Pour ceux qui sont à l'intérieur de la pièce, c'est comme de l'air comprimé qui entrerait très brutalement par tous les orifices du corps pour déchiqueter les organes, à commencer par les poumons.

Dans cette hypothèse, nous prévoyons quand même un petit groupe de collègues casqués, munis de gilets pare-balles, postés au bout du couloir, afin de venir sauver d'hypothétiques survivants.

Depuis l'intérieur de la classe, c'est Évelyne Lambert qui nous préviendra du moment où HB dormira véritablement. Il faut trouver un geste naturel qui n'attire pas son attention s'il vient à se réveiller. Nous convenons qu'après s'être assurée qu'il est bien assoupi, elle se tournera face à l'objectif de la caméra vidéo et dégrafera le premier bouton de la blouse qu'elle porte sur ses vêtements.

Dès cet instant, Borel-Garin, installé devant l'écran de contrôle au PC technique, exactement en face de la classe, viendra donner le signal aux deux groupes afin que nous entrions.

Notre espoir alors est de réussir à évacuer les six enfants par la classe mitoyenne. Dédé et moi surveillerons HB pendant l'opération et nous ressortirons ensuite en le laissant seul.

Il est bientôt 6 heures. Je n'ai pas téléphoné chez moi. Je suis complètement pris par ce qui se prépare. Je ne veux pas me déconcentrer. Je veux rester le plus solide possible. Cela ne m'empêche pas de penser à ma femme et à notre petite Laure-Anne, mais je ne veux pas l'inquiéter.

Fanfan, lui, est allé se dégourdir les jambes dans la cour et rentre, impressionné par la rangée de civières disposées au cordeau par le SAMU sous le préau. Tout est prêt : les couvertures de survie, les potences à perfusions et les poches de plasma. Certains collègues ont même vu des *body-bags*[1].

— Ah ! c'est encourageant ! lâche-t-il en maugréant.

Les personnels des secours l'ont regardé d'une façon étrange.

— Ils ont la tête du croque-mort dans *Lucky Luke* ! me dit-il en me fixant de ses grands yeux bleus.

Loïc nous envoie nous reposer.

---

1. Sacs non poreux, destinés à contenir des corps humains, utilisés pour le stockage et le transport de cadavres.

— On vous fait signe dès qu'on pense pouvoir entrer...

Nous retournons dans la salle du fond qui sert de gymnase pour les enfants. André et moi nous allongeons sur les matelas de sport. Au bout de trois minutes, ce salopard de Dédé ronfle comme un bienheureux.

Pendant ce temps, je gamberge. J'essaie une fois encore de visualiser mentalement le déroulé de notre opération. De temps à autre, Loïc vient me voir pour me dire que HB ne dort toujours pas et que pour l'instant nous attendons. Je n'arrive pas à rester allongé. Je vérifie mon arme. Mes lacets sont bien attachés. Je contrôle que je n'ai vraiment rien dans les poches qui pourrait faire du bruit. Je vais aux toilettes. Chez nous, on appelle ça le « pipi de la peur ». Je reviens et j'attends. Dédé dort toujours. Nous sommes seuls. Quelques personnes seulement sont informées de ce qui va se passer : le médecin-capitaine Évelyne Lambert, le numéro un du RAID et son adjoint, Bayon et Borel-Garin, l'équipe d'évacuation comprenant Loïc, Fanfan et les cinq gars qui vont les accompagner avec uniquement leur combinaison d'intervention pour être plus mobiles, André et moi, et quelques hommes en gilet lourd qui bloqueront les couloirs et interviendront en cas de désastre.

Les techniciens du PC opérationnel qui sont de chez nous sont également dans la confidence, ainsi que les autorités présentes au petit matin[1]. Pour le reste, ni les pompiers ni le SAMU n'ont été mis au courant pour éviter les fuites,

1. Nous saurons plus tard qu'il y avait à ce moment-là le substitut du procureur de la République, mais Pierre Lyon-Caen avait oublié de le présenter au PC autorités. Il n'a donc pas été prévenu.

ou d'engendrer une animation inhabituelle qui risquerait d'alerter l'attention des journalistes et celle de HB.

Une demi-heure s'est écoulée. Je me suis finalement allongé de nouveau et j'essaie de pratiquer quelques exercices de sophrologie : calmer ma respiration, avoir une vision positive de l'événement – visualiser l'opération et la réussir – et envisager les différents cas de figure et la façon de les résoudre. Fanfan va entrer par la seconde porte. J'ai une confiance totale en lui. Nous avons tellement travaillé ensemble... Et là me revient un souvenir flash, une des aventures de Fanfan qui me fait sourire, un de ces trucs qui n'arrivent qu'à lui. On nous avait appelés pour intervenir dans un appartement, à Clamart, dans les Hauts-de-Seine, où un type tirait à la 22 Long Rifle depuis sa fenêtre du deuxième étage. C'était encore l'époque où nous faisions des entrées simultanées par la porte principale et par les fenêtres. J'étais sur le palier avec notre patron de l'époque, Ange Mancini, à tenter de raisonner le forcené en lui parlant à travers la porte, pendant que Fanfan et un autre collègue, Marco, suspendus à des cordes, descendaient en rappel le long de la façade de l'immeuble. Au « top » radio, nous faisons sauter la porte et bondissons dans l'appartement. Un collègue lance à ce moment-là une grenade fulgurante qui, en explosant, met le feu aux journaux éparpillés sur le sol. Simultanément, nos deux acrobates se propulsent les pieds en avant et... l'un d'entre eux seulement défonce les vitres car Fanfan a mal visé et attrapé le montant de la fenêtre entre les jambes. Je le revois lui grimaçant, jurant, résistant à la douleur et se débattant pour se dégager, et nous à éteindre l'incendie en sautillant dans l'appartement sans plus se soucier du type au 22 Long Rifle ! L'image fait sourire.

Je crois que je m'endors sur ce souvenir.

Vers 7 heures, Loïc nous prévient que HB pique du nez et que nous risquons d'intervenir. Nous nous préparons.

Arrivé dans le couloir, je vois le groupe d'évacuation qui se positionne dans la salle de classe attenante. Fanfan est devant et Loïc collé à lui. Ce matin du samedi 15 mai 1993, dans les murs de l'école maternelle de la rue de la Ferme à Neuilly, les regards échangés en disent plus long que d'inutiles paroles. Je sais qu'avec des garçons comme Fanfan et Loïc, j'irais au bout du monde. Ce sont des types tellement compétents que l'opération ne peut que bien se passer. De toute façon, nous n'avons pas le droit de décevoir.

Et puis il y a René... René Canto, qui se cale derrière Loïc et m'adresse un clin d'œil rassurant avec son air de ne jamais rien prendre au sérieux. René qui sera tué trois ans plus tard par des nationalistes corses[1]. Et derrière René, il y a Camille l'Alsacien, Juju le cycliste, Vincent Gedeon, dit Vince, et Jean-Marc. Des gars infaillibles.

Personne ne parle. Borel-Garin nous fait signe de nous installer et de nous préparer. Nous comprenons qu'il va aller voir sur l'écran de contrôle ce qui se passe dans la classe.

Nous sommes tendus, concentrés. Au bout du couloir, les gars en gilet pare-balles ont la mâchoire tendue comme s'ils allaient cracher des balles. Le rythme cardiaque monte

1. Voir le chapitre VI.

un peu parce que nous savons que nous allons entrer dans une poignée de secondes et que, quoi qu'il arrive, ces secondes-là dureront pour nous l'éternité. Aucun d'entre nous ne pourra oublier qu'il était à Neuilly ce matin-là. L'histoire va poser son fer rouge sur nos existences et les marquer à jamais.

À cet instant précis, je suis persuadé que rien ne se passera comme prévu car je n'ai jamais vu une affaire se dérouler selon nos prévisions. Et si les événements dérapent, nous risquons la catastrophe.

Nous attendons. Derrière moi, j'entends Dédé qui respire fort. Je me retourne pour lui faire signe de la tête que tout va bien se passer et je lui sors mon plus beau sourire. Le même que celui de mes instructeurs paras quand j'étais dans l'avion juste avant de sauter.

Borel-Garin revient et nous fait comprendre que nous allons entrer. Il lève les deux mains en signe de prise d'attention et les abaisse brusquement en nous désignant les issues. À ce moment, j'ouvre la porte suffisamment doucement pour permettre à Fanfan de contrôler la sienne. La mienne grince vraiment. J'ai un petit rictus de crainte et nous entrons. Nous sommes jambes fléchies et nous tenons nos armes devant nous. Nous essayons de regarder au sol et enjambons les fils qui relient la dynamite positionnée juste à côté de nous. Il y a des tas d'objets par terre, des jouets, des papiers, des crayons, des sacs... Surtout, nous ne devons pas les toucher.

Il y a des chaises d'enfants... Nous essayons de ne pas les heurter. Nous avons avancé de quelques mètres dans la classe et nous ne voyons toujours pas HB. Arrivé derrière un petit meuble disposé en barrage, Dédé se positionne et prend en joue HB qui vient d'apparaître dans son champ visuel. Dans le même temps, je distingue en vision périphérique sur ma droite les collègues qui sont entrés. La radio passe de la musique. J'attends que Dédé se mette en place. Quand c'est OK, je reprends ma marche en passant sur la gauche du meuble et là, je le vois. Il est couché latéralement sur un matelas, appuyé contre le mur, légèrement en biais. Sa tête est relevée vers le mur. Je m'approche doucement de lui. Nous sommes dans la semi-obscurité mais je le distingue relativement bien malgré tout. Il a sa combinaison bleue et sa cagoule. Il est couché en chien de fusil. J'essaie de m'approcher davantage en prenant comme objectif son visage et, ce qui m'inquiète immédiatement, c'est son bras gauche tendu perpendiculairement à son corps et sa main qui disparaît dans un sac de sport posé sur le sol devant lui.

À partir de là, je peux imaginer tous les systèmes de déclenchement possibles dans cette main gauche. Quant à sa seconde main, je ne parviens pas à la voir.

Il est dans ma ligne de mire. Le canon de mon arme est à un peu plus d'un mètre de lui. Mon index droit est posé sur la queue de détente, ma main gauche en appui à l'avant du pontet[1]. Le pied gauche en avant, je suis en position d'attente.

Sur ma droite, j'entends, je comprends... Je devine que l'évacuation est en train de se faire et, tout à coup, je vois son œil gauche s'ouvrir. A-t-il été réveillé par un bruissement, l'impact d'une semelle en caoutchouc sur le sol, ou par les vibrations ? A-t-il senti notre présence, pressenti un danger ?

1. Élément d'une arme à feu qui sert à protéger la détente.

Il vient de me voir au-dessus de lui. Le temps s'est arrêté et plus rien d'autre n'existe que lui et moi. Nous sommes seuls au monde. Une seconde d'éternité où un fil du destin s'est soudain tendu entre nous. Deux hommes cagoulés face à face, comme les chevaliers d'un tournoi dans l'instant qui précède l'impact. L'histoire est écrite et le choc inévitable. HB fait un mouvement, sur le point de se relever et bondir en avant vers ce sac dans lequel disparaît sa main. L'information fait un aller-retour vers mon cerveau.

Je tire trois fois.

L'homme retombe sur le matelas. J'entends que l'évacuation se fait plus rapidement, qu'on s'affole. J'entends des cris. Dédé s'est immédiatement rapproché de moi. Sans lâcher nos armes, nous nous penchons vers HB et bloquons de notre main gauche le bras qui disparaît dans le sac. Nous craignons que, par un mouvement réflexe ou par le poids de sa main qui retombe, il n'actionne son système.

Je tourne la tête. Des collègues se tiennent debout derrière moi. Ils nous disent que les enfants ont toutes été évacuées et nous demandent de sortir pour laisser la place aux artificiers qui vont venir s'occuper des explosifs.

Nous relâchons notre prise le plus délicatement possible et repartons en marche arrière en évitant les fils. Ce serait dommage de tout faire exploser maintenant.

Et nous ressortons.

Nous croisons les artificiers et leur indiquons où se trouve le corps de HB, puis nous nous éloignons. Tout le monde s'active et personne ne fait attention à nous. L'événement se passe maintenant dans la cour, où les collègues courent avec les enfants dans les bras, et autour du corps du preneur d'otages que sont en train de « dépiéger » les artificiers.

Nous ne sommes plus que tous les deux, André et moi. Je sens qu'il est secoué mais je n'arrive pas à lui parler parce que je suis dans le même état que lui. J'essaie de dissimuler. Je pense surtout que nous revenons de loin. Je pense aux enfants que nous avons sauvées et à l'homme sur lequel je viens de tirer. Je regrette d'avoir dû le tuer mais je n'avais aucun autre choix. HB s'est mis volontairement dans cette situation et ne nous a offert aucune autre possibilité.

Je remets dans mon sac d'intervention mon pare-balles, mon casque, les chargeurs supplémentaires, les gants, la cagoule, la radio, le couteau de survie, mon blouson en polaire noir, les grenades, la bombe de gaz CS, ma matraque et mes vêtements de rechange.

Nous attrapons nos balluchons pour repartir. À côté de nous, un collègue du RAID toujours allongé sur son lit Picot a oublié de se réveiller. Nous le secouons et lui apprenons que tout est terminé.

À ce moment-là, Borel-Garin arrive affolé, accompagné d'un inspecteur de la brigade criminelle qui a une tête de premier de la classe. Le patron nous demande de ne pas sortir du périmètre :

— Tous ceux qui sont entrés dans la salle restent ici jusqu'à nouvel ordre ! Il manque une partie de l'argent de la rançon !

Nous nous regardons en souriant, André et moi. C'est tellement déplacé d'entendre ça, tellement ridicule et décalé par rapport à ce qui vient de se passer. Au beau milieu de cet événement hors du temps, certains n'ont eu pour premier souci que celui de recompter l'argent. Dans son élégante veste d'été, le gars de la Crim y met quand même les formes et renonce à toute allusion déplacée en voyant nos sales gueules. Je me laisse tomber sur un lit en attendant.

L'affaire va se dégonfler rapidement : l'argent manquant était caché dans le tiroir d'un petit meuble de la salle de classe. C'est sans doute HB qui l'avait déposé là.

Reste encore un détail à régler : la carte d'identité de Charles Pasqua a disparu mais là, en revanche, nous sommes tous dans le coup. C'est Fanfan qui a été chargé de la garder sur lui car nous avons décidé d'en faire donation à notre musée du RAID. Une bien belle prise que nous allons finalement être obligés de restituer à contrecœur. Dommage... il y a quand même 1 tentative d'1 ripoux pour endormir 1 partie du butin.

Le Premier ministre Édouard Balladur vient d'arriver et nous félicite. Sans plus de précisions sur le rôle des uns et des autres, le patron lui explique en faisant un geste circulaire que nous sommes « les hommes qui sont entrés ». Le Premier ministre serre des mains de policiers, des mains de pompiers, lâche des « bravo » et des « compliments ». Je me sens bizarrement en retrait vis-à-vis de l'événement. Je sais que ce n'est pas fini car tôt ou tard on va me demander des explications. Je sais aussi que rien ne sera simple pour moi, connaissant le contexte très particulier de la cohabitation. Le ministre de l'Intérieur, Charles Pasqua, arrive à son tour, suivi de Nicolas Sarkozy et de François Bayrou, ministre de l'Éducation nationale. Ce dernier « visite » la classe de Laurence Dreyfus et s'attarde en secouant la tête devant le corps de l'homme qui a maintenant un nom, celui qui figure sur la carte nationale d'identité retrouvée dans l'un de ses sacs. Un policier de la brigade criminelle lui a enlevé sa cagoule pour voir si le visage du preneur d'otages correspondait à la photographie de la CNI. C'est bien la même personne. Il s'appelle Érick Schmitt, il est né le 31 juillet 1951 à Burdeau, en Algérie, et habite un petit village de l'Hérault. La caméra des pompiers de Paris est encore là pour immortaliser la scène. Il y a tout autour de nous et si près de ce corps une agitation qui me dérange.

Je suis content du dénouement mais toujours extrêmement tendu. Je ne peux pas me jeter dans les bras de mes collègues. D'abord parce que je viens d'abattre un homme, mais aussi parce que je persiste à penser que nous sommes passés tout près d'un désastre. J'ai un sentiment étrange et difficile à décrire. C'est un peu comme si je sortais indemne d'un accident de la route. Ça se termine bien pour les enfants, mais c'est terrible par ailleurs. Le fait d'avoir tiré. Le contrecoup peut-être... comme une petite dépression en revenant soudain à la réalité. Je n'ai pas de regrets mais un arrière-goût amer.

Pour l'instant, j'ai besoin de partir d'ici.

Chapitre II

Retour à la réalité

Je prends ma première douche depuis deux jours et j'essaie de me reconnecter avec la réalité. L'atterrissage est difficile. J'ai remis mes vêtements civils et, j'ignore pourquoi, j'ai du mal à monter dans ma voiture et à rentrer chez moi. Je fais un détour par le standard et, là, je vois les murs couverts de télégrammes. Le standardiste m'explique que ce sont des messages de félicitations qui arrivent de toute la France. J'en lis quelques-uns et je m'arrête sur celui, très émouvant, d'une mamie qui nous remercie d'avoir sauvé les petites filles parce qu'elle est grand-mère et qu'elle n'a pas trouvé le sommeil pendant quarante-huit heures. C'est là, peut-être, que je commence à prendre vraiment conscience de ce que nous venons de vivre et de l'ampleur médiatique de l'événement. Je décide d'aller jeter un œil dans la salle de télévision. Quelques gars sont assis, toujours en tenue, et l'affaire de Neuilly revient en boucle sur toutes les chaînes. Je découvre soudain que le monde entier s'est ému du sort des enfants otages de l'école maternelle.

J'appelle à la maison pour annoncer à ma femme que je vais rentrer. Elle a regardé la télévision et sait déjà ce qui s'est passé. Encore une fois, elle n'a pas dormi de la nuit et s'attendait au pire. Elle aurait aimé que je l'appelle plus tôt. Policier elle-même, elle connaît malheureusement trop bien les risques et les limites de ce genre d'opération. Elle et Laure-Anne m'attendent toutes les deux. Je sens mes jambes qui flageolent. Je n'ai dormi qu'une poignée d'heures depuis deux jours et j'ai envie de voir ma fille.

Vingt minutes plus tard, elle est dans mes bras. Je ferme les yeux et je me sens soudain l'un de ces parents de Neuilly retrouvant son enfant. Mon bonheur est un peu le leur mais leurs angoisses sont aussi devenues les miennes. Avec eux, je suis passé de l'autre côté du miroir et j'en ai rapporté le plus terrible des cauchemars. Je repense à Érick Schmitt. À quoi pensait-il quand il s'est enfermé là ? Sans doute ne voulait-il pas tuer les enfants, mais, quand il a imaginé ce scénario, rédigé ses documents, préparé ses explosifs, il avait bien conscience de la situation dans laquelle il allait se mettre. J'ai beau tourner le problème dans tous les sens, je n'arrive toujours pas à comprendre. Et j'ai hâte d'être au lendemain pour en savoir plus sur l'homme qui se cachait sous cette cagoule. Les journalistes sont au travail.

Ma femme me demande comment ça s'est passé. Je n'ai pas très envie d'en parler. Je lui propose que nous sortions un peu. J'ai besoin de me changer les idées. J'appelle ma mère pour la rassurer. Là encore, pas de détails. J'abrège volontairement la conversation pour éviter les questions.

Au centre commercial de Belle-Épine, une foule du samedi joue des coudes dans les allées. Au rayon hi-fi d'un supermarché, les clients s'attardent devant un mur d'écrans de télévision où passent et repassent les images de Neuilly. J'entends des bribes de phrases. On ne parle que de cela. Je capte des « bien mérité... », « il l'avait cherché », « ils ont bien fait »... Et je me demande de plus en plus comment cet homme a pu en arriver là.

Je ne me souviens plus à quel moment j'ai avoué à ma femme que c'était moi qui avais tiré. Elle m'a répondu qu'elle s'en doutait depuis le moment où j'avais préféré parler d'autre chose en rentrant de cette mission. Elle l'avait deviné dans ma façon d'être mais elle ne m'en avait pas parlé.

Nous sortons du centre commercial quand mon biper se met à sonner. Je téléphone au service. Loïc me parle de la mission que je dois assurer le lundi matin à Bayonne. Nous étions prévus pour mettre en place une surveillance sur des militants de l'organisation séparatiste Iparetarak. Un avion doit nous emmener lundi matin au Pays basque.

— Mais je comprendrais que tu préfères souffler un peu...

Son appel est un prétexte. Loïc sait que je serai l'un des premiers au service lundi à l'aube. Ce que veut le chef du groupe opérationnel, c'est juste une réponse à cette question qui arrive au détour d'une phrase anodine :

— Ça va, Daniel ?

Je lui mens et il le sait.

De retour chez moi, j'ai un appel de Michel Marie, notre négociateur. Olivier Lamour, le médecin du RAID, est avec lui. Même question :

— Tu es sûr que ça va aller, Daniel ?

Je n'en sais rien encore mais comment leur dire ?

— Si tu as envie d'en parler...

Je sais que Michel souffre autant que moi. Je l'entends à sa voix, mais j'ai besoin de temps.

J'essaie de me coucher tôt. Ma femme dort près de moi. Laure-Anne est dans sa chambre. Je n'arrive pas à reprendre notre rythme, à renouer avec notre bonheur à tous les trois. Ce que je viens de vivre est d'une telle intensité qu'il m'est difficile de revenir à la normalité.

Le lendemain, les radios commencent à évoquer la personnalité d'Érick Schmitt. *Le Journal du dimanche* puis, le lundi, toute la presse quotidienne fouillent la vie de cet homme qui habite Cers, dans l'Hérault, et qui n'a ni femme ni enfant. Engagé volontaire puis sous-officier dans l'armée française jusqu'en 1974, où il avait acquis des notions d'artificier, il a ensuite créé une société de maintenance informatique qui a fait faillite en 1988, trouvé un emploi dans le même secteur jusqu'à son licenciement en 1992. Depuis un an, faute de moyens, il est retourné vivre chez ses parents dans le petit village du sud de la France près de Béziers. Tous les témoignages de ceux qui l'ont connu en disent la même chose : travailleur, courageux, intelligent et renfermé. Et personne, parmi ceux qui le connaissaient, ne parvient à s'expliquer comment il a pu en arriver là.

On évoque aussi les derniers écrits du preneur d'otages. Jusqu'au bout, HB a griffonné des notes sur un calepin retrouvé près de son corps. Sur l'avant-dernière page, il a inscrit l'heure en haut à gauche : 23 h 30. C'est sans doute le vendredi soir. On lit :

> « Voici, je crois, que le moment final approche : on se moque de moi et je sens que c'est la fin. [...] Dans quelques heures, moins de vingt-quatre sans doute,

pour moi, tout sera fini. Je ne sais pas encore si cela sera la balle d'un "sniper du RAID" ou mes tripes qui voleront dans un grand boum... Toujours est-il que je bénis celui qui a placé cette dynamite sur mon chemin, car il m'a permis de donner libre cours à ma fantaisie.
« Longtemps, très longtemps, j'ai cherché un moyen de gagner beaucoup d'argent, et très vite. Au casino, j'ai toujours flambé en quelques minutes, quelques jeux, la petite mise que je pouvais jouer.
« Ici, pendant des nuits, des jours, des semaines et des mois, depuis longtemps, j'avais imaginé, non, plutôt rêvé de jouer ma plus grosse mise : ma foutue vie sur le tapis. Cette partie, je l'ai préparée longuement, minutieusement : cent fois, j'ai remis sur le métier l'écheveau de mes idées.
« C'est vrai que je suis meilleur créateur que bon réalisateur. Un autre aurait réussi avec toutes ces idées, mes idées, là où moi je vais échouer... Mais aurait-il eu le même "PANACHE" ? Je ne crains pas la comparaison et je vais "sauter" avec un certain brio là où d'autres auraient survécu avec plus de médiocrité.
« Alors, que m'importe que ce soit une balle bien ajustée, une rafale ou mon big-bang à moi. Pour une fois, j'aurai connu le bout du bout d'un projet grandiose. L'argent ne fait donc vraiment pas le bonheur...
« Si, pour moi, pendant quelques instants, j'aurai eu au moins une vraie fortune, mais depuis des mois, le jour, la nuit, en rêves, en projets, en questions, en réponses, j'avais déjà tout dépensé. Alors, il fallait bien que je le gagne...
« Combien ont eu le temps suffisant pour coucher leurs dernières pensées, et ceux qui se savaient mourir, assurément, j'en fais partie.

« Prisonnier de mes rêves les plus fous, je suis mal assis sur une petite chaise de bambin. Et à 4 heures maintenant, dans la pénombre de cette petite classe aux rideaux bouchant le jardin rempli d'hommes noirs et aux fenêtres scotchées de dessins de ces bambins. Des taches pour masquer toute vue : des magnifiques gribouillages de ces petits d'hommes qui oublieront tout dans quelques heures, quelques jours.
« Alors, revenons à cette mort dont je sens à peine, mais sûrement, la faux s'affûter sur ma nuque...
« Mort, je le suis, il fallait l'être, je m'y suis préparé...
« Cette force ne suffira pas au-delà de cette école où ils ont peut-être réalisé le danger d'une bombe humaine, HB, telle que moi. »

Les mauvaises nuits rythment désormais ma vie. Des heures à garder les yeux ouverts et à voir le ralenti de ce centième de seconde où tout a basculé. Il n'y a plus d'arme entre lui et moi. Seulement un regard puis un mouvement.

Et plus rien.

Un mois après, le Syndicat de la magistrature voit dans cette affaire l'occasion de se payer un ministre de l'Intérieur dont les idées politiques sont à l'opposé des siennes. Dans le numéro de juin 1993 de leur revue syndicale *Justice*, les magistrats émettent des critiques sur le dénouement de la prise d'otages de l'école maternelle de Neuilly-sur-Seine. L'article titré « La mort hors la loi d'Érick Schmitt » raconte des inepties. Signé « Le bureau », l'éditorial affirme que, vingt-quatre heures avant le dénouement de l'affaire par l'assaut du RAID, Charles Pasqua a, sans en aviser le procureur de la République de Nanterre, décidé que le preneur d'otages serait tué. Les six magistrats représentant le bureau du Syndicat de la magistrature, Béatrice Patrie (directrice de la revue), Marie-Anne Baulon, Anne Crenier, Jean-Claude Bouvier, Alain Vogelweith et Denis Chausserie-Laprée, soutiennent que les conditions de la légitime défense n'étaient pas réunies et accusent clairement Charles Pasqua – qui va immédiatement les attaquer en diffamation –, le RAID et moi-même d'avoir « organisé » l'exécution d'Érick Schmitt[1].

Je suis atterré de lire un tel tissu d'âneries.

Les magistrats ont eu ce qu'ils voulaient. La polémique démarre. Le 14 juin, je suis entendu par l'inspecteur principal Jean-Luc Balthazar de la brigade criminelle de la préfecture de police de Paris, qui me demande de m'expliquer, sur procès-verbal, sur les circonstances de notre intervention et de ma décision de tirer. Je lui raconte les événements :

— Duquesnoy s'est approché du lieu où se trouvait le preneur d'otages en passant sur ma droite. Il s'est arrêté au niveau du petit meuble masquant les pieds de l'individu. Moi-même je me suis approché en passant plus sur la

1. Les six dirigeants du Syndicat de la magistrature seront condamnés chacun en mars 1995 à 8 000 francs d'amende par le tribunal correctionnel de Paris qui les déclarera coupables de diffamation publique envers le ministre de l'Intérieur et envers le ministère dans le cadre de l'affaire de Neuilly. Se fondant sur les témoignages du médecin-capitaine Évelyne Lambert selon laquelle Érick Schmitt avait la main « sur le détonateur en permanence », sur les témoignages de plusieurs policiers du RAID déclarant « n'avoir jamais reçu l'ordre d'abattre le preneur d'otages » et sur le fait que la décision de tirer revenant aux seuls policiers du RAID participant à l'assaut, les juges ont déclaré que la preuve des allégations du Syndicat de la magistrature visant le ministre de l'Intérieur n'était pas apportée. Le tribunal correctionnel présidé par Martine Ract-Maroux a ajouté que les prévenus ne pouvaient bénéficier de l'excuse de bonne foi car, même si leur interrogation « sur le bon fonctionnement de nos institutions et sur la répartition des rôles entre le procureur et le préfet » était légitime, il s'agissait d'une accusation grave, portée « sans aucune nuance » par des magistrats qui « ne disposaient d'aucun élément sérieux à l'appui de leurs affirmations ».

gauche et me suis présenté le plus près possible, à hauteur de ses genoux.

« Dans mon dos, j'entendais que l'évacuation des enfants avait commencé. C'est alors que j'ai vu l'individu qui était couché sur un matelas ouvrir les yeux, soulever la tête et amorcer un début de mouvement. Vu les instructions que j'avais reçues, et comme j'avais vu que l'individu avait sa main gauche à l'intérieur d'un sac noir, j'ai fait feu en direction de sa tête à trois reprises...

Les événements s'enchaînent. Le 13 juillet, la famille d'Érick Schmitt dépose plainte pour homicide volontaire avec préméditation. En quelques semaines, tout a basculé. Le RAID passe du statut de héros à celui de salaud. C'est absurde. Je n'ai reçu aucun ordre ni même la moindre consigne. Nous n'avions qu'une seule mission : libérer les enfants. Le preneur d'otages se trouvait sur notre chemin. Il s'est réveillé et j'ai agi en conséquence.

Cette scène, je la revois aujourd'hui encore. Elle s'invite dans mes souvenirs. Je la revois de manière précise mais plus de l'extérieur. Je n'en suis plus l'acteur mais le spectateur. Elle passe sur l'écran de ma mémoire et je la regarde avec détachement parce que j'ai volontairement fait l'effort d'oublier.

Oui, j'ai culpabilisé. Pendant les semaines qui ont suivi, cette histoire m'a rongé comme un mauvais mal, mais y avait-il un autre moyen ?

Je me suis pris en main tout seul. Certains collègues sont allés voir des psychanalystes par la suite. Pas moi. Peut-être aurais-je dû. Les Anglo-Saxons font cela sans complexe, pas nous. En France, cette démarche est souvent interprétée comme une sorte de faiblesse, un manque de confiance en soi.

J'suis pas 1 fiote quand même !

BOULANGER : ça c'est latin ! connard !

On est des Latins, donc des guerriers...

~~Ce qui m'est arrivé ce 15 mai 1993~~ est tellement particulier. Je ne suis pas comme ces policiers qui ont vu des collègues mourir près d'eux. C'est autre chose. Dans notre société judéo-chrétienne, tuer quelqu'un, même si c'est pour empêcher le pire, sera toujours perçu comme quelque chose de mal... Condamnable, quelles que soient les circonstances.

« Tu ne tueras point »... C'est l'un des commandements et ces mots-là impriment notre culture et notre morale, ce qui n'est pas le cas dans d'autres sociétés. Nous avons donc forcément un sentiment de culpabilité.

Je suis coupable d'avoir fait du mal.

Petit à petit, je parviens à évacuer cette culpabilité. Encore une fois, il est important pour moi de le redire, parce que je me suis conforté dans le sentiment que je n'avais pas d'autre moyen d'agir, que ce que j'avais fait était juste. Une fois cette certitude acquise que j'avais – que nous avions – sauvé des enfants d'une mort affreuse, il ne me restait plus qu'à faire l'effort d'oublier ces images. De les laisser s'endormir au plus profond de moi.

Mission : Sarajevo

En avril 1994, je suis envoyé en ex-Yougoslavie où j'assure pour huit semaines une mission de protection de l'ambassadeur de France. Nous sommes cinq policiers : deux du RAID et trois CRS. C'est pendant cette mission que les images de Neuilly se sont réveillées.

L'ambassadeur de France est le seul ambassadeur occidental encore sur place. Il se rend régulièrement à la présidence pour rencontrer les différents ministres bosniaques et les convaincre d'instaurer la paix afin que les travaux de reconstruction de la ville puissent commencer.

Nous avons deux Land Rover blindées et vivons dans un petit immeuble de bureaux qui doit être un ancien bâtiment administratif de la télévision. Le 1er régiment d'infanterie de marine a également installé ses quartiers ici.

La diplomatie française tient dans trois pièces. La première constitue le bureau de l'ambassadeur, la deuxième est l'ambassade et la troisième – un bureau avec trois lits Picot – représente la résidence de l'ambassadeur.

En vérité, Son Excellence dort à l'hôtel Holiday Inn sur Sniper Alley, l'avenue principale de Sarajevo ainsi dénommée en raison des carnages réalisés quotidiennement par les tireurs embusqués, qui font feu sur tout ce qui se déplace ici. Véhicules militaires, femmes, enfants, personne n'est épargné. L'ambassadeur de France, un petit bonhomme qui ressemble à Woody Allen avec les mêmes lunettes rondes, a élu domicile dans une chambre d'hôtel avec en permanence l'un d'entre nous dans la pièce d'à côté.

J'ai reçu une formation accélérée de vingt minutes pour « faire le chiffre », c'est-à-dire envoyer les messages codés de l'ambassade. Sur place, la situation est tellement tendue qu'il serait beaucoup trop dangereux de faire venir ici des chiffreurs du ministère des Affaires étrangères. Pendant plusieurs heures chaque jour, on nous demande de nous métamorphoser en secrétaires. L'ambassadeur semble d'ailleurs nous considérer comme tels quand il nous dépose les brouillons de ses télégrammes sur un coin de table en nous demandant de les rédiger sur l'ordinateur. Un maniaque. Le morceau de papier fait d'incessants allers-retours entre lui et nous avant qu'il ne le valide enfin et nous demande de l'envoyer.

Il existe un certain formalisme dans la rédaction des messages. Quand j'ai des difficultés, je contacte le service compétent au ministère des Affaires étrangères qui ne me répond pratiquement jamais. Un jour, je reçois un « télégramme de service » me demandant de respecter la présentation des missives : écrire à telle distance de la marge, sauter trois lignes, tracer un trait, etc. Il leur faut un message mieux présenté et conforme aux règles administratives de la diplomatie.

Cette affaire de télégrammes commence sérieusement à me chauffer les oreilles. Je leur réponds que je suis policier au RAID, que ma mission initiale consiste à protéger l'ambassadeur et qu'au lieu de cela, nous passons quinze à dix-huit heures chaque jour à servir de chauffeur, secrétaire, mécanicien, messager, cuisinier et homme à tout faire dans l'« ambassade » et que, si les télégrammes sont si mal présentés, ils n'ont qu'à demander à quelqu'un d'autre de s'en occuper. Voilà le problème réglé en ce qui me concerne.

Nous nous déplaçons régulièrement. À Mostar-Est, on voit les musulmans mourir de faim alors qu'à une envolée, à Medjugorié, le « Lourdes local » où est apparue la Vierge, des Mercedes rutilantes circulent dans les rues. Les rumeurs racontent que la plupart de ces voitures ont été achetées avec l'argent versé par les associations pour venir en aide aux habitants de Medjugorié. J'ignore si c'est vrai.

Le danger est partout. Un soir, en revenant de Mostar, je suis dans la voiture de tête avec l'ambassadeur et je remarque au dernier moment une forme étrange au sol, sur un tronçon contrôlé par les soldats espagnols. Nous n'avons pas le temps de freiner. La voiture est passée. Le second véhicule s'arrête. Nous venons de passer miraculeusement à quelques centimètres d'une mine qui n'a pas explosé.

Le pire de mes souvenirs est ce voyage de Zagreb en Croatie pour Oratché. Au départ de ce qu'il reste de civilisation, nous prenons un ticket au péage de l'autoroute à Zagreb. On nous a prévenus que le trajet était risqué. Plus nous avançons et plus les voitures se font rares. Jusqu'à ce que nous soyons absolument seuls à rouler sur une autoroute couverte de détritus. La guerre vient de passer par là. Trous d'obus, voitures brûlées. Plus question de faire demi-tour maintenant. Quand nous arrivons au péage, la cabine a été détruite et brûlée. Le pont qui enjambe la rivière à l'arrivée dans la ville d'Oratché est au fond d'une gorge, cassé en deux par les bombardements. Nous réussissons à emprunter une barge pour traverser. À quelques centaines de mètres, des obus tombent dans la rivière. La guerre se déplace comme un nuage de sauterelles et laisse derrière elle le sillon net de ce qu'elle a dévoré.

Chez le maire d'Oratché, il faut parler fort. Les Serbes, qui sont maintenant au courant de l'événement, saluent l'arrivée de l'ambassadeur de France par un tir insistant d'obus. Dans le village, tous ceux que nous croisons portent des tenues camouflées de l'armée américaine. Même les enfants. Nous dînons dans une salle d'hôtel en partie dévastée, éclairée par des lanternes. L'endroit est lugubre, l'atmosphère fantomatique. Je « serre » l'ambassadeur qu'un souffle suffirait à emporter. Avec la gueule que j'ai, j'ai toujours réussi à faire peur quand le besoin s'en faisait sentir, mais, là, tous ceux que nous croisons ont la même tête que moi. Parfois pire.

Nous passons la nuit dans un monastère plein de soldats et le lendemain, après une nouvelle rencontre entre l'ambassadeur et les autorités locales, nous reprenons le circuit en sens inverse. Les combats se sont calmés. Nous slalomons tranquillement sur l'autoroute pour éviter les carcasses encore fumantes et retrouvons petit à petit un semblant d'urbanisation aux abords de la ville.

Arrivés au péage de Zagreb, un employé nous demande de payer l'aller-retour. Pour éviter des frais à la nation française sans doute, l'ambassadeur raconte que nous arrivons directement d'Oratché et que nous ne paierons par conséquent qu'un aller.

Le fonctionnaire conteste. L'ambassadeur s'enferre dans son mensonge et finit par menacer le guichetier, qui sort et pose un cône en plastique devant le véhicule et un autre à l'arrière.

Après avoir bien envenimé la situation, le brillant diplomate se cale confortablement à l'arrière de la Land Rover, ouvre son journal et disparaît dans sa lecture. Nous laissons passer quelques minutes et demandons à l'ambassadeur ce qu'il envisage de faire maintenant.

— Moi ? Rien du tout ! Payez si vous le voulez. Je ne sortirai pas un sou !

Nous nous regardons, mon collègue et moi. Nous ne pouvons prendre le risque de rester plus longtemps ici avec un ambassadeur sur les bras. Le pingre ne nous a jamais remboursés.

Je n'aime pas nos déplacements à la présidence. Depuis notre arrivée, une information nous a été transmise selon laquelle les Serbes prépareraient quelque chose contre notre ambassadeur. Leur plan consisterait à faire appel à la mafia de Sarajevo pour faire enlever la famille de l'un des gardes de la présidence. Pour obtenir la libération des siens, le garde serait obligé d'exécuter un « contrat » en abattant l'ambassadeur de France quand il serait dans le palais.

À chaque fois que nous nous rendons à la présidence, nous sommes obligés de déposer nos armes. J'ai bien tenté de parlementer mais il n'y a rien à faire. Je dois laisser mon Beretta 92 F au poste de garde dès que nous entrons dans la résidence. Comme je n'ai aucune confiance dans les gens qui nous accompagnent ni dans ceux qui nous reçoivent, j'emporte systématiquement un second pistolet que je cache dans mon dos, et mon collègue du RAID fait la même chose.

L'ambassadeur, que nous n'avons pas mis au courant des menaces dont nous avons connaissance, s'étonne que nous nous collions à lui dans les couloirs. Nous préférons ne rien lui dire car l'information nous est parvenue par une source que nous préférons prendre au sérieux mais dont nous ne connaissons pas la fiabilité.

Potentiellement, notre ambassadeur est de toute façon en danger. Seul représentant diplomatique d'un pays occidental, il peut faire des jaloux et déranger[1].

Pendant ce temps, les Américains distribuent des tonnes de sacs-poubelle dans les rues de Sarajevo avec, en impression, un drapeau américain qu'on voit partout : sur les ponchos, sur les sacs et sur les portières d'une énorme voiture blanche aux vitres sombres qui traverse régulièrement la ville en trombe... Une voiture dans laquelle les champions du monde de l'intox voudraient faire croire que

1. Quelques semaines plus tard, alors que l'ambassadeur sera protégé par une nouvelle équipe du RAID venue nous relever, il sera victime d'un tir en quittant l'hôtel Holiday Inn. Nos collègues trouveront, fiché dans la vitre arrière juste derrière l'ambassadeur, un projectile tiré par un sniper.

circulent des diplomates américains. Nous savons qu'à bord, il n'y a qu'une seule personne : le chauffeur.

Les Américains, eux, n'ont qu'un seul objectif : rafler le marché de la reconstruction de Sarajevo et d'un pays tout entier dévasté par la guerre. Il faudra rebâtir les centrales électriques, reconstruire le réseau routier et ferré, les ponts... Dans quelques mois, l'ex-Yougoslavie sera le plus grand chantier du monde et la France lorgne, elle aussi, sur cette fabuleuse manne financière. Notre ambassadeur a d'ailleurs repéré une grande et magnifique propriété à Sarajevo dont il envisage de faire la future ambassade de France. Un matin, en se rendant à la présidence, il apprend avec stupeur que la villa a déjà été vendue aux Américains. Eux qui n'ont aucun représentant officiel ici ont pourtant pris déjà une confortable avance dans le démarchage des autorités locales. Nous allons découvrir qu'au sein du Haut-Commissariat pour les réfugiés ainsi que dans les organisations non gouvernementales, des tas de personnes travaillent, sous couvert, pour les États-Unis et pour l'Angleterre.

La France décide de réagir et nous voyons bientôt arriver un étrange contingent d'« officiers » français, quadras et quinquas, mal à l'aise dans des rangers qu'ils n'ont visiblement pas portées depuis bien longtemps et qui viennent nous demander de leur prêter des véhicules pour se déplacer dans la ville et aller à des « rendez-vous ». Voici donc la contre-offensive commerciale de la France pour stopper l'avancée américaine : un bataillon d'ingénieurs EDF, Thomson, Bouygues, Dassault déguisés en soldats français qui viennent tenter de négocier les marchés les plus juteux de la décennie !

D'ailleurs, les Bosniaques ne vont pas tarder à nous faire comprendre qu'ils en ont assez de voir des militaires et que ce qui les intéresse maintenant, c'est de parler d'argent avec des hommes d'affaires. On aurait pu éviter un déguisement ridicule et inutile.

Je n'aurai malheureusement pas le loisir de terminer ce séjour en paix. Le patron du RAID, Louis Bayon, m'appelle à Sarajevo et m'apprend qu'une polémique vient d'éclater en France sur l'affaire de la maternelle de Neuilly, qu'une instruction judiciaire est ouverte et que je dois me rendre, dès mon retour, au tribunal de Nanterre pour rencontrer le juge Prache qui veut m'entendre.

Au téléphone, Bayon essaie malgré tout de se montrer rassurant. Le patron se doute bien qu'en m'appelant là-bas, dans les conditions de vie qui sont les nôtres, ce n'est pas la meilleure façon de remonter le moral de sa troupe. Nous travaillons dans des conditions difficiles, loin de nos familles, et nous voilà rattrapés par des considérations qui sont à des milliards d'années-lumière de ce qui se passe à Sarajevo, où des femmes et des enfants tombent chaque jour sous les balles des snipers. Il y a un décalage déplacé et malsain que j'ai du mal à admettre.

Tous les efforts que j'ai faits pour oublier Neuilly et les images qui défilaient devant mes yeux n'ont servi à rien.

Chapitre III

LYNCHAGE

Mai 1994. Je rentre d'un pays en guerre et je trouve un Paris en pleine effervescence. Deux des six magistrats signataires de l'article paru dans la revue du Syndicat de la magistrature en juin dernier viennent de récidiver en sortant cette fois-ci un livre. Ils ont conservé pour leur brûlot le titre de l'article qui leur plaît décidément beaucoup : *La mort hors la loi d'Érick Schmitt.*

Les bonnes feuilles du livre sont à lire dans *Le Nouvel Observateur* du 5 mai 1994 sous le titre : « Le preneur d'otages de la maternelle de Neuilly a-t-il été "exécuté" ? HB, les pièces du dossier ».

Le mot « exécuté » a été placé entre guillemets. S'agit-il d'un bémol pour éviter un procès en diffamation ou d'une nuance subtile ?

L'article introductif des quatre pages fait monter la pression :

> « Leur enquête [NDLR : l'"enquête" de Béatrice Patrie et Alain Vogelweight] prouve qu'au moment de

> l'assaut, Érick Schmitt dormait profondément. On lui avait administré un sédatif. Il ne s'est pas réveillé. Les policiers du RAID n'étaient pas en état de légitime défense : la version officielle est un mensonge. [...] Mais le livre apporte aussi assez d'informations inédites et troublantes pour ébranler la thèse de la légitime défense : par exemple, le "bruit monstrueux" – le mot est du médecin-pompier Évelyne Lambert – fait par elle-même et les enfants lorsqu'elles entreprirent, en prévision de l'assaut, de ranger la salle de classe. Sans que le preneur d'otages se réveille. Et surtout, le rapport d'autopsie du corps d'Érick Schmitt, qui révèle que les deux balles mortelles tirées coup sur coup ont pénétré par le même orifice et sont ressorties de même. Et qui semble incompatible avec la version selon laquelle Schmitt aurait amorcé un mouvement [...]. »

Je suis donc un menteur.

Je suis un menteur et les auteurs du livre savent mieux que nous ce qui s'est passé dans cette salle de classe. Eux qui n'ont jamais mis les pieds à l'école maternelle de Neuilly-sur-Seine pendant ces quarante-six heures ont eu accès au dossier d'une instruction qui n'est pas close et reproduisent, en les romançant, les déclarations du médecin-capitaine des pompiers, Évelyne Lambert :

> « Une fois dans la classe, Évelyne Lambert s'approche à nouveau de HB. Elle l'observe pendant quelques instants. Il ne bouge pas d'un sourcil. Elle constate que l'objet cylindrique d'où partent les fils qui rejoignent le sac a glissé de sa main gauche et repose plus

bas, à dix centimètres. Elle s'approche encore, incline son buste au-dessus de lui, et prudemment, doucement, elle presse légèrement son bras droit. Rien ne se passe. Elle continue, promenant maintenant ses doigts sur son bras, comme une caresse. »

On s'y croirait. Et, un peu plus loin encore, alors que le patron du RAID a donné pour consigne à Évelyne Lambert d'entrer de nouveau dans la classe et de dégager les portes pour préparer notre assaut :

« Ces préparatifs vont demander un bon moment. La classe est dans une pagaille noire ! Des cartons de nourriture encombrent le sol. Les chaussures des enfants gisent çà et là, on tape dedans à chaque pas. Les pots n'ont pas été vidés, il règne dans la salle surchauffée une véritable puanteur. Si on veut que les hommes du RAID puissent mettre un pied là-dedans sans risquer de se casser la figure, il faut faire un sérieux ménage, se dit Évelyne Lambert. »

Voilà donc les auteurs qui se mettent à penser pour Évelyne Lambert et bientôt à penser pour moi, aussi. Pour l'instant, ils font parler le patron du RAID qui nous donne, à André et à moi, les dernières consignes avant que nous n'entrions dans la classe :

« — N'oubliez pas qu'un simple mouvement du corps de HB suffit à déclencher l'explosion !
« Cette recommandation, Boulanger et Duquesnoy vont la retourner dans leur tête pendant plus de deux heures. Ils n'ont d'autre alternative que de neutraliser

HB avant qu'il ait eu le temps d'amorcer le moindre geste : "Un 'double top' [deux balles tirées coup sur coup], pense Boulanger, il n'y a que cela et une troisième pour assurer !" »

C'est formidable, les deux magistrats savent déjà que je vais entrer et tirer, et peu importe, au passage, qu'ils ne sachent ni l'un ni l'autre de quoi ils parlent en évoquant ce « double top » qui s'appelle en réalité un « double tap ». L'essentiel est de donner l'illusion de savoir.

Et voilà maintenant la mort du preneur d'otages, racontée au présent dans leur livre, par les deux magistrats :

« Érick Schmitt dort profondément. À peine un léger soulèvement de sa poitrine trahit-il le souffle de la vie. [...] Boulanger, avec une précision toute chirurgicale, pointe le canon de son arme en direction de la boîte crânienne de HB. D'abord le "double top" : la tête de HB tressaille à peine. Un troisième coup de feu vient confirmer la neutralisation du preneur d'otages. [...] Pour les hommes du RAID, la discipline prévaut toujours sur les états d'âme personnels. [...] Duquesnoy et Boulanger devront reprendre à leur compte la version de leur hiérarchie : HB s'est réveillé, il s'est fait menaçant, ils ont dû faire usage de leur arme pour sauver leur vie et celle des enfants. Or le mensonge dans une affaire criminelle est toujours un exercice délicat [...].

« Au cours de l'autopsie, les deux médecins légistes vont constater que le corps d'Érick Schmitt présente "deux plaies par arme à feu, dont une double, dues au passage de trois projectiles intracrâniens". "Les deux orifices

d'entrée, notent les experts, sont situés dans la région temporale gauche. L'un d'entre eux est double. Un orifice de sortie double est situé dans la région temporale droite, l'autre dans la région pariétale droite."
« Devant les premiers enquêteurs, Boulanger s'était borné à dire que le preneur d'otages avait "soulevé la tête et amorcé un début de mouvement". Plus prolixe, car sans doute animé du désir d'apparaître crédible, André Duquesnoy assortira sa version des faits de force détails. »

Et les deux magistrats d'interpréter maintenant les constatations des médecins légistes sur le corps de HB :

« Cette version s'avère manifestement incompatible avec les constatations médico-légales. N'importe quel tireur un peu expérimenté sait bien qu'il est en effet impossible que deux projectiles suivent la même trajectoire alors que la cible se trouve en mouvement. [...] Mais ce n'est pas tout. Pour que les deux projectiles issus du double top suivent exactement le même trajet, [...] il a aussi fallu que la cible soit parfaitement calée. Une seule hypothèse peut être, sur ce point, retenue : Érick Schmitt dormait, la joue droite écrasée contre le matelas, la tête lourde du poids de ses quarante-cinq heures de veille. »

En page 185, les deux magistrats donnent la justification de leur livre dans une charge contre le ministre de l'Intérieur, Charles Pasqua :

« Un homme est mort, abattu par trois balles de pistolet tirées volontairement par des policiers aux ordres, comme il se doit, du ministre de l'Intérieur. Normalement, on appelle cela un crime, sauf si, par application des dispositions du code pénal, on parvient à apporter la preuve que l'on s'est vu contraint de tirer par la nécessité actuelle de défendre sa vie ou celle d'autrui. C'est la légitime défense, que tout le monde connaît, jusqu'aux boulangères de Reims[1]. Et nul n'échappe à l'obligation d'avoir à se justifier au regard de la loi, pas même les policiers agissant dans le cadre de leur fonction... Il n'y a pas, au bénéfice de celui qui l'invoque, de présomption de légitime défense : il faut prouver la réalité du danger qui a justifié le crime. Or un homme, bardé de dynamite, qui tient sous sa coupe vingt et un enfants de 3 ans, n'est-il pas dangereux par lui-même ? Est-il besoin d'attendre qu'il amorce un seul geste pour que les policiers se trouvent légitimés dans leur intervention ? Le débat est ouvert. Il aurait pu avoir lieu si Charles Pasqua s'était borné à justifier la "neutralisation" d'Érick Schmitt par sa dangerosité de fait... Charles Pasqua se croit obligé d'ajouter un élément dramatique à la scène : le forcené dormait, il s'est réveillé, il a eu un geste de menace, on l'a tué... Dès lors que cette version est lâchée, les policiers du RAID vont se trouver entraînés dans une vertigineuse spirale de contradictions, d'invraisemblances et d'incohérences... Les policiers ne s'en sortent pas beaucoup mieux, peu habitués qu'ils sont à travestir des pratiques professionnelles qui ne les ont encore jamais menés sur les chemins de l'illégalité. »

Ainsi, j'aurais donc menti pour « couvrir » mon ministre de tutelle qui était allé un peu vite dans ses déclarations.

1. Josée Marie Garnier, boulangère à Reims, fut accusée d'avoir tué Ali Rafa, un jeune beur, le 13 février 1989, soupçonné de vol de croissants.

Cette affirmation est, là encore, une manipulation grossière de la vérité.

Prudent, le procureur de la République des Hauts-de-Seine, Pierre Lyon-Caen, interviewé dans le même numéro du *Nouvel Observateur*, prend ses distances avec les auteurs du livre et confie qu'il « ne partage pas du tout leur point de vue ».

Cette question concernant non pas la légitime défense elle-même mais la notion du « temps » de la légitime défense, je vais justement la poser au juge Prache. J'ai reçu une convocation apportée au secrétariat du RAID par un huissier de justice et je dois me rendre au tribunal de grande instance de Nanterre pour être entendu en qualité de témoin assisté par le juge Prache qui instruit l'affaire. « Témoin assisté » signifie que je me trouve entre le statut du « témoin » et celui du « mis en examen ». Cela veut dire que j'ai droit à l'assistance d'un avocat. J'ai désigné Laurence Krief-Pardo qui m'accompagne. Nous sommes convenus avec le ministère de l'Intérieur que ses honoraires seront pris en charge par l'administration. Sa présence me rassure.

Dans le couloir du cabinet d'instruction, je discute quelques minutes avec Évelyne Lambert, qui est convoquée elle aussi. Le juge Prache me reçoit, à l'heure, avec courtoisie. C'est un grand type très poli et aimable qui me met en confiance. Très professionnel dans son approche.

Première question :

— Quelles étaient vos instructions ?

Je replonge un an en arrière... fouille ma mémoire, exhume ces souvenirs que j'ai eu tant de mal à oublier. Les doigts sur le clavier de son ordinateur, la greffière attend.

Je reprends le fil... Ma fonction était d'assurer la sécurité pendant l'évacuation des enfants. André Duquesnoy était avec moi. Nous devions être prêts à réagir si l'homme se réveillait. L'objectif était de profiter de son sommeil pour évacuer les otages et ressortir. Nous avions envisagé l'hypothèse de son réveil. Dans ce cas-là, nous avions prévu de le neutraliser par un tir à la tête. J'explique pourquoi un tir à la tête. J'explique qu'en nous jetant sur lui, nous prenions le risque de déclencher son dispositif.

Et je me revois entrer dans cette pièce sombre avec la même certitude d'aller au casse-pipe.

Le magistrat m'écoute. Peut-être HB voulait-il que nous entrions pour pouvoir « partir » en nous emmenant avec lui ? Peut-être voulait-il commettre une sorte de crime altruiste ? Tuer les fillettes de façon qu'elles n'aient pas à souffrir, plus tard, de ce monde impitoyable... Emmener avec lui des policiers, symboles de cette société qui l'opprimait et le condamnait, leur faire porter la responsabilité du drame qui aurait coûté la vie aux enfants...

Je pense qu'Érick Schmitt s'attendait à une intervention plus rapide et musclée, comme nous les menons d'habitude, un assaut brutal et bruyant. Or, là, nous avons tout simplement tenté de sortir les otages le plus discrètement possible pendant qu'il dormait.

C'est mon sentiment que je livre au juge d'instruction de Nanterre : HB a été surpris par notre tactique et nous ne lui avons pas permis de réagir comme il le voulait.

Son bras gauche tendu et sa main glissée dans le sac créaient une situation équivoque sur le moment. Bien sûr, nous avons su ensuite que ce sac ne contenait que des vêtements. Mais, dans l'instant, qui n'aurait pas eu la même pensée que nous ? Qui n'aurait pas imaginé, comme André et moi, que le déclencheur de sa bombe pouvait se trouver à l'intérieur de ce grand sac noir ? Ma réaction immédiate en m'approchant a été de penser que ce bras-là était dangereux parce qu'il devait tenir le système de mise à feu. C'est pourquoi, après le tir, nous nous sommes précipités, André et moi, pour le maintenir et éviter tout déclenchement des explosifs. C'est après le passage des artificiers que nous nous apercevrons que sa planchette de mise à feu était dissimulée derrière lui, dans son dos. Nous ne distinguions pas sa main droite et rien n'empêche de penser qu'elle aurait pu déclencher le dispositif si nous avions tenté d'immobiliser son bras gauche. Rien ne permet de l'affirmer, c'est vrai, mais cette hypothèse était néanmoins possible.

Personnellement, je ne connais personne qui dort la main tendue dans un sac.

Et c'est pour cette raison que la « stratégie » évoquée par Alain Vogelweith[1] de faire entrer dans la salle de classe quatre infirmières en blouse blanche, sous prétexte que HB n'aurait fait aucun mal à des membres du personnel médical, est pour le moins hasardeuse. D'abord, il aurait fallu trouver quatre infirmières volontaires pour entrer, et qu'auraient-elles fait une fois à l'intérieur ? Et si ces « blouses blanches » le rassuraient tant, pourquoi alors ne s'est-il pas rendu à Évelyne Lambert qui, justement, portait une blouse blanche ?

S'expliquer devant un juge d'instruction est extrêmement intimidant. Je suis officier de police judiciaire et je sais l'importance de chaque mot et de la moindre formule

1. Jean-Pierre About, *HB, 46 heures qui ont boulversé la France*, *op. cit.*

qui ne manquera pas d'être interprétée par ceux qui ont déjà fait de moi le « bourreau » de la maternelle de Neuilly. Je continue à me demander ce que je fais ici, quelle loi j'ai enfreinte et quelle démarche j'ai bien pu accomplir pour devenir un « voyou ». J'ai beaucoup de mal à comprendre et, en même temps, je ne vois pas très bien ce que je peux ajouter de nouveau par rapport à ce qui s'est passé parce que tout a déjà été dit et écrit. La pensée que je puisse être mis en examen, voire condamné et faire de la prison, s'installe maintenant dans mon esprit. J'essaie de me préparer, de me faire à l'idée que, même si je vais en prison, je pourrai au moins revoir ma fille puisque je suis toujours vivant. Si j'avais agi différemment et si HB avait fait sauter sa bombe, j'aurais sûrement été considéré comme un super-flic, promu commissaire avec une jolie médaille posée sur mon cercueil, mais j'aurais deux mètres de terre au-dessus du nez, et ma fille garderait en souvenir ma photo et ma Légion d'honneur remise à titre posthume.

Tant pis, je me lâche. J'explique au juge qui continue à m'écouter religieusement qu'il faut cesser d'inverser les rôles. Celui qui est entré dans une salle de classe avec des armes et des explosifs, le type qui a pris vingt et un enfants en otages et qui se faisait appeler HB, cet homme-là, ce n'est pas Daniel Boulanger. Ce n'est pas l'histoire d'un policier du RAID qui a décidé un matin d'aller abattre un individu pour une raison complètement inconnue. Si Érick Schmitt avait simplement voulu obtenir de l'argent, il pouvait faire exactement la même chose en prenant des adultes en otages. Il pouvait aussi utiliser une bombe factice, or on sait, depuis l'expertise menée par l'ingénieur en chef adjoint au service des explosifs du laboratoire central de la préfecture de police, Gérald Pokrzywa, que l'engin qu'avait Érick

Schmitt dans l'école maternelle de Neuilly était totalement opérationnel et fonctionnait avec vingt et un bâtons de dynamite de 100 grammes chacun – explosif nitraté de type « rocher » –, tous reliés et connectés à un système de mise à feu, cette fameuse planchette que HB tenait devant lui et sur laquelle étaient fixés plusieurs commutateurs. Un premier interrupteur général permettait de passer en marche/arrêt, un deuxième sélectionnait le mode « pression » ou « dépression » de la manette qu'il tenait en main avec sa diode rouge, et les trois derniers interrupteurs permettaient de faire exploser soit la charge de seize bâtons qu'il portait autour de la taille (1,6 kilo), soit celle qui se trouvait dans le porte-craies du tableau, près de la porte principale (deux bâtons), soit la troisième qu'il avait posée au-dessus de la seconde porte de la classe (trois bâtons). Érick Schmitt pouvait aussi déclencher les trois explosions en même temps. L'ensemble fonctionnait grâce à quatre détonateurs électriques alimentés par une pile de grande capacité de 6 volts. L'expert en explosifs est formel : le dispositif à dépression d'Érick Schmitt, lorsqu'il était activé, « ne présentait plus aucune sécurité ». Gérald Pokrzywa ajoute : « Un simple relâchement de la main du preneur d'otages aurait provoqué la mise à feu. La menace était réelle et, en fait, le moindre éternuement aurait pu provoquer l'explosion. » Il a estimé qu'une explosion des charges aurait entraîné des effets mortels dans un rayon de 5 à 10 mètres.

En plus de ces explosifs, on découvrira également parmi les objets que détenait Érick Schmitt le revolver à grenaille avec lequel il avait menacé l'institutrice en arrivant. Le barillet de l'arme était approvisionné de cinq cartouches. Il avait aussi trois bombes de gaz lacrymogène ainsi qu'un couteau de cuisine de vingt centimètres retrouvé entre sa cheville droite et sa chaussette lors de l'autopsie de son corps...

Quand certains magistrats avancent que HB n'aurait pas utilisé son dispositif, je me demande pourquoi alors il avait apporté avec lui un système qui fonctionnait ? On a parlé de lui comme d'un « brave homme ». Est-ce qu'un brave homme prend en otages des enfants de 3 ans ? S'il « aimait » les enfants comme l'ont dit par la suite certains de ses proches, pourquoi avoir pris le risque de traumatiser toute une classe de maternelle ? Sur l'écran de contrôle de notre PC opérationnel, on voyait les six petites couchées sur leurs matelas. Des gamines qui ne comprenaient pas pourquoi elles n'avaient plus le droit de sortir et de retrouver leurs parents.

Tout cela plus les documents structurés qu'il avait préparés sans doute pendant des jours prouvent qu'il a eu largement le temps de peser le pour et le contre de son opération et que ce n'était pas simplement un coup d'esbroufe.

Et si le RAID est entré, c'est bien parce que les négociations n'avaient pas abouti. Le procureur de la République, Pierre Lyon-Caen, avance qu'il est le seul à avoir non seulement négocié, mais surtout dialogué avec HB. C'est fort possible, mais il est aussi le seul à n'avoir obtenu la libération d'aucun enfant.

Au moment de prendre congé, je demande au juge Prache si je peux lui poser une question.

— Bien sûr, me dit-il.

— Quel aurait été le problème si nos snipers du RAID avaient tiré comme nous l'avions un temps imaginé ? (Option rendue irréalisable à partir du moment où HB avait fait masquer les vitres.) Quelle aurait été l'option de la justice et à partir de quel moment étions-nous dans le cadre de la légitime défense, monsieur le juge ?

— Je ne peux pas vous répondre maintenant, mais je le ferai...

J'ai mal vécu cette audition et je la ressens comme une injustice. Je comprends les parents d'Érick Schmitt qui ont saisi la justice pour connaître les conditions de la mort de leur fils, mais j'ai le sentiment qu'ils sont manipulés et que ceux qui les ont convaincus de se constituer partie civile ont derrière la tête des intérêts politiques bien plus que des sentiments humains. La douleur de ces gens-là est détournée et utilisée à des fins bassement stratégiques et je suis écœuré. Ceux qui les conseillent sont en train d'organiser un règlement de comptes politique qui passe de leur douleur à mon malaise. On nous utilise eux et moi.

Dans les médias, la charge est lancée. Le livre de Patrie et Vogelweith donne des idées à d'autres et un espoir fou à la famille d'Érick Schmitt : son père Camille, sa mère Marie-Thérèse, et sa sœur Anne-Marie. Passé la trêve estivale, le journal *Libération* publie le 26 septembre 1994, pour booster le lancement de sa nouvelle formule, une une ravageuse : « Human Bomb : tué en plein sommeil ». Le journal s'est procuré le compte rendu de la dernière cassette enregistrée par notre PC opérationnel lors de l'assaut dans la salle de classe de Neuilly. « Pendant toute la prise d'otages, écrit le journal, le RAID a sonorisé la salle de classe de la maternelle de Neuilly. Nous avons eu accès au contenu de la cassette de la dernière demi-heure dans laquelle un policier affirme que HB dormait au moment de sa mort. »

Suit une longue transcription.

Il s'agit de la cassette n° 20. Le dernier enregistrement de la procédure. Le médecin-capitaine des pompiers de Paris, Évelyne Lambert, vient de rentrer dans la salle de classe. Elle parle avec HB :

HB : Vous voulez un morceau de chocolat ?
EL : Non, par contre *[incompréhensible]*.
HB : Il n'y a rien dedans hein, je vous assure.
EL : *[Rires.]* Je peux en manger, c'est ça ?
Bruits divers – Déplacements dans la pièce – Bruits de pas.
Poste de radio mis en marche, un commentateur parle, publicité et numéro de téléphone annoncé. Diffusion de la chanson « Frou-frou » en entier + chants d'oiseaux et bruits divers.
Reprise du commentaire lointain mais le mot « RTL » est prononcé. Toujours des bruits et chants d'oiseaux.
Après environ dix minutes, on entend brusquement des paroles d'enfants, du bruit et une voix très faible qui annonce : « Nous allons prendre le petit déjeuner en même temps... [inaudible]... attendre le signal. »
Aussitôt, la femme reprend beaucoup plus fort et plus nette qu'au début :
EL : Vous savez ce qu'on va faire ? Le dernier jeu à la mode, on va jouer à la tortue. Qui c'est qui veut jouer avec moi ?
Chœur des enfants : Moi, moi, moi...
EL : Alors le but du jeu... je ne veux voir personne dépasser. Allez, tout le monde par terre, couché. Ouais, tout le monde se met dessous, tout le monde, allez. Tout le monde à plat ventre, tout le monde couché sous la « table » *[incompréhensible]* et vous allez

pouvoir sortir que quand je dis stop, OK ? Que lorsque je vous donnerai l'autorisation.
La radio continue à fonctionner. Publicité pour l'émission « RTL en scène ».
EL : Est-ce que tout le monde est bien caché ? Attention, je ne veux voir aucune tête dépasser, hein ? Je vous entends en plus. Je ne veux pas vous entendre non plus et je vais vous rejoindre, sinon c'est pas du jeu si je ne suis pas avec vous. Ça, c'est quand on va se cacher, comme ça on est super fort à ce jeu. Je vois des pieds et des têtes qui dépassent.
Rires et voix d'enfants. Voix chuchotée.
EL : Tout le monde est bien planqué ?
Toux et voix d'enfants.
EL : C'est super… C'est papa et maman qui vont être contents que vous soyez capables de jouer comme ça. C'est important… C'est important, hein ? Restez couchées comme ça. Ça va durer longtemps, je vous rejoins. *[À la radio, chanson de Patricia Kass.]*
Allez, je rouvre… *[Sonnerie.]* Tout le monde est sage, hein ? Personne ne bouge. On continue le jeu. Tout le monde est sous la table. Il n'y a pas de tête, pas de tête, rien qui dépasse.
Trois bruits rapprochés assourdis (en une seconde).
Voix masculines hachées (incompréhensibles).
Homme du RAID : Attention au paquet. On touche à rien. C'est bon. On laisse les artificiers. Voilà, on sort tous.
Homme du RAID : C'est bon, c'est terminé, c'est bon. Touchez à rien. Attention… fais gaffe au piège, hein. Il y a des artificiers.
Plusieurs hommes parlent en même temps.

Homme du RAID : Est-ce qu'il y a des blessés ? Non ? Bon, d'accord. OK, aucun blessé.
Homme du RAID : La psy et les enfants sont sortis.
Homme du RAID : Oui, oui.
Homme du RAID : On a planqué...
Homme du RAID : Faut trouver l'autre paquet. Tiens bon, OK. On touche à rien.
Homme du RAID : Ça va les gars ? Donc là, c'est bon, c'est bon.
Homme du RAID : Il dormait alors ?
Homme du RAID : Ouais.
Homme du RAID : Laissez les fils, laissez les fils, attention, touchez à rien. On ne touche à rien *[incompréhensible].*
Homme du RAID : Le deuxième paquet est là. Faites attention au câble, hein ?
Homme du RAID : On a été remarquables. Ça va, Jean-Luc ?

En publiant cette cassette, *Libération* fait un coup. Dans un billet titré « Légitime défiance », Gérard Dupuy fait une « révérence » aux membres du Syndicat de la magistrature qui ont lancé la polémique, « ces magistrats, écrit-il, connus pour leur attachement aux scrupules libéraux de la loi ».

Et Dupuy de développer :

« Le compte rendu fait par les autorités et en particulier la première d'entre elles, Charles Pasqua, a été mensonger. Le ministre de l'Intérieur, lors d'une conférence de presse, a précisé que "l'individu se réveillant et se montrant menaçant, les policiers du RAID ont fait usage de leurs armes". En réalité, on comprend aujourd'hui que HB ne s'est pas réveillé, ne s'est pas montré menaçant et qu'un seul policier a fait usage de son arme (personnelle) d'une manière si précise qu'elle ne se prête guère à une interprétation de tir réflexe dans le cadre d'une situation de légitime défense. Le mensonge de Pasqua témoigne pour le moins du trouble ressenti par les responsables de l'opération au moment d'en rendre publiquement témoignage, ce que confirme le rideau de fumée soigneusement entretenu par ailleurs sur le déroulé des faits [...].

« Le devoir impérieux de sauver la vie des enfants justifiait, sans aucun problème moral, que leur kidnappeur puisse être tué quand on leur portait secours. Mais l'honneur de la justice exigeait qu'une telle exécution n'intervienne qu'en dernier recours. Il est de plus en plus difficile de croire que cette deuxième obligation ait réellement été prise au sérieux. C'est pourtant ce sérieux qui permettrait de distinguer entre un acte de légitime défense et une peine de mort subrepticement rétablie.

Je suis maintenant bourreau...

La publication de ce papier ouvre les appétits. Le lendemain, *Info Matin* reprend cette thèse et la journaliste termine ainsi son papier :

« Dans un pays où la peine de mort est abolie, on pourrait imaginer la logique juridique suivante : Boulanger mis en examen pour assassinat, Duquesnoy pour complicité, leur chef et le ministre Pasqua pour complicité par ordres et instructions. Avec une logique "politique" il en irait autrement. »

... Et me voilà assassin.

Bien sûr, le juge Prache m'avait longuement interrogé, lors de mon audition à Nanterre, sur ce fameux passage de la cassette n° 20 où l'on entend cette question et sa réponse :

— Il dormait alors ?

— Ouais !

Le policier qui pose la question, quelques dizaines de secondes après l'intervention, a été identifié. C'est un collègue qui n'est pas concerné par l'intervention puisqu'il était au repos et qu'il est arrivé après. Je ne donnerai pas son nom car il est toujours en activité. Quant à celui qui répond « Ouais », ce n'est pas moi et ce policier n'a jamais été identifié.

Le juge Prache m'a donc demandé :

— HB dormait-il ?

J'y réponds ici une nouvelle fois : oui, HB dormait. Assurément, le preneur d'otages dormait – ou en tout cas en donnait l'impression – puisque tout le mécanisme de l'opération était fondé sur le fait que nous n'intervenions qu'à partir du moment où il s'était endormi. C'était le plan initial et la condition *sine qua none* pour pouvoir entrer. C'est tellement vrai qu'il avait été fait appel à un médecin pour l'endormir.

En interprétant cet échange, certains journalistes ont tordu la vérité. Ils l'ont tordue dans un sens qui leur convenait mieux. Pour eux, « HB dormait » signifie que j'ai tiré sur un homme endormi et inerte. La vérité de l'affaire n'est pas celle qui convient à ces journalistes. Elle est celle-ci : HB dormait effectivement au moment de l'intervention. Il dormait quand nous sommes entrés, sur la pointe des pieds, dans la salle de classe. Il dormait lorsque nous nous sommes approchés de lui, André et moi. Il dormait encore lorsque je me suis mis en position à quelques dizaines de centimètres de lui, lorsque j'ai visé – comme nous en étions convenus, André et moi – sa tête. Mais HB ne dormait assurément plus lorsque son œil gauche s'est ouvert, que l'homme a fait un mouvement vers l'avant. Il ne dormait plus et j'ai tiré.

Malheureusement, *Libération* ne me donnera pas l'occasion de remettre les pendules à l'heure. Mon avocate, Me Laurence Krief-Pardo, aura beau batailler pour que soit publié un droit de réponse, tout au plus recevra-t-elle un courrier signé de Sorj Chalandon, l'un des responsables du journal, l'informant que la « mise au point » qu'elle lui fait parvenir concernant le lynchage médiatique dont je fais l'objet « ne peut trouver sa place » dans la page « Rebonds » de *Libération*. Le journaliste tente une manœuvre grossière : « En revanche, répond-il à mon avocate, je vous rappelle que *Libération* est tout à fait disposé à publier une interview de Daniel Boulanger, votre client, si celui-ci souhaitait s'exprimer plus en détail sur les circonstances de son intervention... »

Non merci.

Le 28 septembre, *Le Canard enchaîné* s'en mêle et publie en page 3 un article signé des initiales L.-MH, écrit par Louis-Marie Horeau, intitulé « Le policier qui a tué HB n'en était pas à son coup d'essai » et sous-titré « En 1985, déjà, il avait réglé un peu vite une prise d'otages ». Je m'attendais évidemment à ce que cette vieille affaire refasse surface mais pas sous forme d'un pareil coup bas ni, là encore, en déformant la réalité. *Le Canard* rappelle les faits à sa façon :

« Le policier du RAID qui a tué Érick Schmitt alias "HB", n'en était pas à son coup d'essai. Le 12 août 1985, il avait déjà abattu, d'au moins six balles de 357 Magnum, un déséquilibré qui s'était introduit armé dans la mosquée de Paris [...]. Le fait que le policier chargé de la "neutralisation" [de HB] ait déjà eu l'occasion d'abattre un preneur d'otages pose à nouveau la même question sans réponse. Car, curieusement, le juge d'instruction qui a enquêté sur la mort d'Érick Schmitt a refusé de mener les investigations demandées par la famille sur les éventuels antécédents du policier tireur[1]. »

J'étais certain que cette histoire finirait par refaire surface... Elle remonte au 12 août 1985 en début d'après-midi. Je suis policier à la brigade de recherche et d'intervention, plus connue sous le nom de brigade antigang, dirigée alors par le commissaire Claude Cancès. À midi, je suis allé faire un peu de musculation avec le petit Roger, mon chef de groupe, au Praxitel, une salle de la rue du Faubourg-Saint-Martin où nous avons nos habitudes. Nous rentrons du sport et, au moment où nous nous engageons sous le porche

1. Les éditions Maréchal et *Le Canard enchaîné* (Michel Gaillard et le journaliste Louis-Marie Horeau), ont été condamnés le 5 septembre 1995 par la 17e chambre correctionnelle du tribunal (jugement confirmé par la 11e chambre correctionnelle de la cour d'appel de Paris le 20 mars 1996) à me verser 10 000 francs à titre de dommages-intérêts et 4 000 francs à titre de participation aux frais de justice pour avoir écrit et publié cet article « diffamatoire » envers « un fonctionnaire dans l'exercice de ses fonctions de policier ». *Le Canard enchaîné* sera également condamné à publier, dans le délai d'un mois après le jugement, un communiqué informant ses lecteurs de sa condamnation pour cet article. Le journal essaiera de négocier confidentiellement avec mon avocate en me versant une somme « oscillant entre 5 000 et 8 000 francs » contre l'abandon de ma part de l'exigence de la publication du communiqué. Les journalistes du *Canard* détestent, plus encore que les autres, avoir tort. J'ai refusé leur proposition et le journal satirique a traîné jusqu'au 10 juillet 1996 pour ravaler son rire et publier le texte de sa condamnation. Et pan sur le bec !

du 36, quai des Orfèvres, nous tombons nez à nez avec le patron qui part sur une prise d'otages à la mosquée de Paris.

On fonce s'équiper. Le local où se trouve le matériel est au dernier étage du « 36 », dans la cour qui donne sur le dépôt du Palais de Justice. Pour charger le camion de la BRI, nous descendons le matériel à l'aide d'un palan : les gilets, les armes, les munitions, les grenades et les béliers pour casser les portes.

À l'époque, nous travaillions en civil avec un petit gilet pare-balles qui n'arrêtait pas grand-chose. Porter un truc pareil était censé nous rassurer plutôt que nous protéger.

J'emporte avec moi une arme de poing et un fusil d'assaut et nous partons pour la mosquée de Paris, dans le XIIIe arrondissement, relever les collègues du commissariat local. Sur place, nous nous positionnons à quatre à l'entrée de la mosquée pendant que des tireurs au fusil s'installent dans la cour.

À l'intérieur, un Algérien de 27 ans, armé d'une carabine Winchester calibre 30/30 dont il a raccourci la crosse, a tiré sur l'un des responsables de la mosquée qu'il a gravement touché. Il a ensuite pris un secrétaire en otage et se trouve maintenant dans un bureau situé sur notre gauche, au bout d'une longue travée. Le patron de la BRI, Claude Cancès, et d'autres autorités de la préfecture de police ont entamé une négociation avec l'individu par téléphone depuis la loge d'un concierge, un peu plus loin dans la rue.

Le garçon s'appelle Ouassini Ammour. Il tient des propos incohérents, pousse des hurlements, menace de tuer son otage et de tirer sur quiconque s'approchera. Il veut un avion pour Alger. Ça dure depuis deux heures et le patron nous demande d'être extrêmement prudents car le type est incohérent et agressif et il n'est pas question de le laisser sortir avec son otage.

Quelques instants plus tard, Claude Cancès nous prévient que le gars, surexcité, va tenter une sortie. Nous nous préparons. Les tireurs au fusil sont également sur le qui-vive lorsque nous entendons claquer une porte et voyons arriver vers nous un homme d'un certain âge que nous identifions, d'après son signalement, comme étant l'otage. Il nous dit :

— Allez-y... Il est dans le bureau. Il vous attend.

Le message nous surprend un peu puisque le patron parlait d'un type déterminé. Comme nous sommes seuls à la porte, sans aucun contact avec les autorités, nous décidons de profiter de son intention de se rendre avant qu'il ne change d'avis. D'autant que nous voyons aux fenêtres de la mosquée des femmes et des enfants qui habitent là et pourraient être pris en otages par l'individu enfermé dans un bureau qui communique, par l'arrière, avec les habitations. Nous décidons d'aller le chercher tous les quatre et progressons dans la zone. En avançant, je jette un œil dans une ouverture, sur la gauche, afin de m'assurer qu'il n'y a personne sur les lieux.

Nous arrivons dans la pièce où se trouve Ouassini Ammour. Il est assis, tient le téléphone dans la main gauche et sa carabine dans la main droite. Nous saurons plus tard qu'il parle avec le procureur de la République. Nous sommes un peu surpris de son attitude et lui demandons de poser son arme et de lever les bras. Il nous regarde fixement et se met soudain à crier en levant son arme dans notre direction avec l'intention évidente de tirer. Je suis à la tête du groupe et je fais feu au moment où sa carabine arrive exactement à l'horizontale face à moi. L'homme retombe sur sa chaise, la main toujours glissée dans le levier de sous-garde de la

Si les collègues sont d'accord alors ! c'est bon.

Winchester. Nous écartons l'arme. Il mourra peu après l'arrivée des pompiers. Tous les collègues du groupe sont d'accord : nous n'avions pas d'autre solution.

Quelque temps plus tard, sa famille s'est constituée partie civile. Une information contre X a été ouverte. J'ai été convoqué chez un juge d'instruction et entendu en qualité de témoin pour expliquer les raisons de notre entrée et les conditions dans lesquelles j'avais tiré. L'instruction s'est conclue par une ordonnance de non-lieu et voilà que l'on ressort cette affaire pour me présenter comme un « spécialiste » du flingage systématique.

Un torchon d'extrême droite, *La Voix des paras*, rédigé par une poignée de nostalgiques de l'Algérie, qui fait l'apologie dans son numéro de novembre-décembre 1994 d'un roman intitulé *SS Kommando*, va même me qualifier de « tueur salarié de la République ». Je vous laisse découvrir quelques passages de l'article qui m'est consacré dans ce numéro de fin d'année :

« HB a été abattu dans son sommeil par un flic du RAID. Ce qui est plus ignoble encore, car la police n'est pas faite pour administrer sans jugement la peine de mort abolie par le législateur. Nom de l'exécuteur : Daniel Boulanger. [...] En ce qui concerne l'assassinat légal de HB, notre directeur [NDLR : le directeur du journal] Michel Enaud [ancien para tireur d'élite] et le capitaine Ribert [ancien section d'assaut] ont écrit dans un communiqué repris par toute la presse – notamment *Libé* et *Le Canard enchaîné* – qu'il était possible de neutraliser sans tuer. [...] Mais le tueur assermenté de la République, la « Gueuse », cela ne doit pas l'empêcher de dormir du sommeil du juste... Daniel Boulanger, je l'imagine fort bien dans une vie antérieure bourreau. Décapitant notre bon roi Louis XVI et Marie-Antoinette. Regrettant sans doute de n'avoir pas à se mettre sous le couperet le "Petit Mitron". Et vive la Ripoublique ! »

L'article est écrit à la première personne mais l'auteur n'a pas eu le courage de signer. Quant aux « conseilleurs », ancien « tireur d'élite » et ancien « section d'assaut », j'ai envie de leur répondre que l'Histoire garde en mémoire leurs faits d'armes en Algérie et ailleurs où chacun sait aujourd'hui à quel point ils ont été efficaces dans les technique de « tirs neutralisants ».

Je crois que c'est ce qui m'a le plus agacé dans les mois qui ont suivi. Tous ces bavardages autour de « ce qu'il aurait fallu faire » ou « comment il aurait fallu intervenir ». Dans les livres, dans les journaux et sur les plateaux de télévision, tout le monde donnait son avis sur ce qui aurait été la meilleure méthode à mettre en œuvre pour intervenir. Des personnes qui ne connaissaient rien à notre travail se sont permis de nous critiquer sans complexe.

Le scandale de Neuilly n'est pas la mort du preneur d'otages. Le véritable scandale, ce sont ces spectateurs qui se sont pris pour des acteurs, or « quand on veut connaître quelqu'un, dit le proverbe, il faut porter ses chaussures pendant quelques kilomètres ».

Comment ont-ils pu oublier que nous sommes policiers, que les conditions de la légitime défense nous ont été enseignées et que c'est au fonctionnaire de savoir l'apprécier ? À les écouter, il faudrait systématiquement qu'un policier qui va intervenir en réfère au procureur de la République dans la minute qui précède. Cette ineptie revient à dire qu'il faudrait doubler chaque policier d'un procureur !

Chapitre IV

Reconstitution

En 1994, le juge Prache programme une reconstitution des faits et choisit la même période du mois de mai pour essayer d'avoir les mêmes conditions d'éclairage. La scène se passe dans la salle de classe de Neuilly, aux mêmes heures. Le juge est là avec sa greffière. Il y a mon avocate, l'avocat de la famille d'Érick Schmitt et le procureur Pierre Lyon-Caen accompagné de quelques magistrates stagiaires. Plusieurs collègues du RAID sont venus assurer le rôle des différents protagonistes, dont HB. Je suis avec André et on nous demande de rejouer notre intervention.

On nous soumet à l'épreuve de la reconstitution comme on le fait avec des voyous ou des malfaiteurs qui ont commis un crime. Dans leur coin, le procureur et ses stagiaires donnent l'impression d'être au spectacle. Ils sont venus voir quelque chose d'intéressant, rient un peu, échangent des propos à voix basse. On nous montre du doigt, on nous cherche des poux dans la tête pour savoir si nous ne sommes pas des menteurs. Voire pire.

Personne ne se soucie de savoir si revenir ici et refaire ces gestes nous pose un problème, à André et à moi. La situation est très pénible pour nous. La présence de toutes ces personnes est déstabilisante. Le 15 mai 1993, jour de l'action, nous n'étions pas aussi nombreux et nous n'avions pas derrière nous le procureur qui ricanait avec ses stagiaires. Il y a quelque chose d'indécent et de totalement décalé par rapport à la situation dans le fait de se sentir observés par des gens qui n'ont pas pris le moindre risque et viennent là pour porter une critique et un jugement sur notre intervention.

C'est le jeu de la justice et de nos institutions. Nous acceptons, André et moi, de refaire les mêmes gestes. La première fois indépendamment l'un de l'autre et avec un collègue différent, ensuite tous les deux ensemble pour vérifier que nos déclarations individuelles concordent bien.

André est dans la même situation que moi. Nous nous souvenons de deux ou trois détails précis, ce sur quoi nous étions complètement concentrés, mais il y a tout ce que nous avons oublié l'un et l'autre. Ceux qui nous observent ignorent tout de la situation de stress dans laquelle nous nous trouvons pendant une intervention. Ils ignorent que ce stress va avoir, même s'il est maîtrisé et contrôlé, des incidences sur notre comportement à la fois mental et physique. L'espace-temps prend une autre dimension. Certains moments vont nous paraître très longs et d'autres très courts, alors qu'ils ont la même durée. Un peu comme des formes d'accéléré et de ralenti. De la même façon, l'appréciation des distances va souvent être altérée. En revanche, je me souviens très bien de notre entrée, de nos déplacements, de l'endroit où je me suis positionné, sachant que nous étions très concentrés sur l'axe de nos trajectoires puisque nous devions ne pas nous prendre les pieds dans les fils et ne faire aucun bruit. Il nous fallait repérer le plus vite possible HB, qui nous était caché par les meubles. Dès que je l'ai vu, j'ai aussitôt analysé sa position, remarqué son bras, ses yeux fermés et, en même temps, j'ai essayé d'écouter ce qui se passait du côté de l'évacuation des enfants, mais c'était très difficile car je devais rester dans mon rôle qui était de m'assurer que l'homme ne présentait pas un danger.

— Et si Duquesnoy était passé devant ? demande une voix dans la salle.

Il se serait trouvé devant le même choix que moi. André, un peu en retrait, a lui aussi vu bouger HB. Il avait été établi initialement que, pendant mon déplacement, André resterait en statique et tirerait si nécessaire. Nous nous déplacerions en tiroir, c'est-à-dire que nous entrerions à la queue leu leu. Arrivé au petit meuble, Dédé partirait vers la droite derrière moi. Une fois qu'il serait positionné en statique, c'est moi qui continuerais vers HB. Nous étions convenus que, s'il bougeait, je tirerais en premier et qu'André doublerait si cela s'avérait utile. Nous avions décidé un tir à la tête car un tir au corps présenterait un danger en raison des explosifs. C'est pourquoi je suis allé au plus près.

Mes trois balles sont tirées dans un délai qui varie entre une seconde et une seconde et demie.

Le juge Prache prend des notes. L'avocat de la famille d'Érick Schmitt, correct avec nous, s'attarde sur un point et veut savoir si l'on peut voir ses yeux s'ouvrir malgré la pénombre. Ce détail est autopsié. Oui, on distingue parfaitement les yeux qui s'ouvrent, malgré le peu de lumière et la cagoule que portait HB.

Deux experts de la balistique ont été désignés et devront ensuite rendre leurs conclusions, c'est-à-dire vérifier que nos gestes pendant la reconstitution correspondent avec les trajectoires de mes balles au matin du 15 mai.

Le procureur veut savoir si j'ai vu « une petite lumière ». Je pense qu'il fait référence au système de relâchement de HB. Je lui réponds par la négative puisque je n'ai pas vu les mains d'Érick Schmitt. S'il l'avait eu dans une main, cela aurait signifié qu'il ne dormait pas puisqu'il fallait appuyer sur le bouton pour que la diode soit allumée. Et si la diode avait été allumée, HB aurait relâché la pression sur le bouton en mourant, et je n'aurais jamais pu répondre à cette pertinente question de M. Lyon-Caen.

Je me sens coupable avec ces gens derrière moi qui m'observent et essaient de me piéger. Vous êtes au RAID, inscrit sur le tableau d'alerte, et on vous a désigné pour entrer. Vous n'avez pas demandé cela. Ce matin-là, vous êtes parti au travail comme d'habitude pour faire votre métier de policier aussi bien que possible. Vous vous êtes retrouvé pendant deux jours dans une situation folle que vous n'avez pas créée. Avec vos camarades, vous avez pris des risques, vous disant parfois qu'il était possible que vous ne rentriez jamais chez vous. Des responsables de la police et des responsables politiques prennent des décisions, négocient et vous demandent finalement d'entrer car toutes les autres possibilités ont été envisagées puis écartées. Vous tirez parce que vous n'avez pas d'autre solution pour protéger la vie des enfants, la vie de vos collègues et la vôtre, et à l'arrivée, c'est vous qui êtes coupable.

Mon avocate me défend. Celui de la famille Schmitt reste poli avec moi mais je sens que je n'intéresse ni lui ni le procureur de la République. Ce qu'ils voudraient, c'est que je leur dise que j'ai reçu des ordres, que M. Pasqua m'a demandé d'aller abattre Érick Schmitt. J'ai l'impression qu'ils attendent le faux pas, la contradiction. Certains avancent même l'hypothèse d'un « circuit parallèle », où quelqu'un serait venu me voir de la part du ministre pour que j'exécute le preneur d'otages ! C'est insensé car il faudrait que nous soyons plusieurs dans le mensonge puisque nous sommes une structure : le patron qui prend la responsabilité d'autoriser l'opération après avoir reçu le feu vert du ministère de l'Intérieur, et tous ceux qui vont participer ensuite à la mise au point de la stratégie d'entrée. Cela veut dire Bayon, Borel-Garin, Janot, Dédé et moi. Comment entrer et se déplacer ? De quelle manière Évelyne Lambert va-t-elle nous donner le feu vert ? C'est un travail collectif et il est de notoriété publique que tout le monde est bavard dans la police... Comment peut-on imaginer que l'on ait pu me donner un tel ordre sans que l'information circule ?

La seule instruction que peut donner un homme politique dans ce genre d'opération est toujours : « Allez-y et faites pour le mieux... » Que dire d'autre d'ailleurs ?

Comment un homme politique pourrait-il donner l'ordre d'abattre le preneur d'otages ? Et quand bien même il l'aurait fait, personne au RAID n'aurait obéi à une telle consigne. D'abord parce que ces méthodes ne font pas partie de nos usages et ensuite parce que nous savons bien qu'il faudra expliquer les circonstances précises de l'ouverture du feu et que le seul responsable reste pour toujours celui qui a pressé la queue de détente. Un policier du RAID n'est pas un truand qui va tirer parce qu'il en a envie, ni un militaire qui ouvre le feu sur un champ de bataille. Pour pouvoir utiliser son arme dans les conditions de la légitime défense, le policier doit réagir à ce qu'il considère être une agression. Il doit alors analyser cette agression, examiner si les paramètres de la légitime défense sont respectés et choisir enfin s'il doit décider de tirer. Reste le plus difficile : toucher la zone que l'on veut atteindre sans blesser un passant ou un collègue policier. Après cette analyse, le policier peut appuyer sur la queue de détente.

Le tout en une fraction de seconde.

J'ai revu le juge deux fois pendant cette année d'instruction. Chaque fois, il m'a fallu me remémorer ce que j'avais vécu à Neuilly. J'ai traversé cette période d'incertitude majeure de ma carrière avec beaucoup de difficultés. À aucun moment, je ne me suis senti soutenu, et c'est sans doute ce qui a conditionné mon départ du RAID en septembre 1994 pour rejoindre le SCTIP (Service de coopération technique international de police) pendant un an, puis l'UCLAT (Unité de coordination de la lutte antiterroriste), la BREC (brigade régionale d'enquête et de coordination) de Versailles avant, finalement, d'être rappelé au RAID comme instructeur. Seul le syndicat des commissaires de police (SCHFPN, Syndicat des commissaires et hauts fonctionnaires de la police nationale) m'a proposé son aide, ses conseils et l'assistance d'un avocat. Quelques collègues se sont manifestés mais je n'ai pas eu de soutien dans la bataille judiciaire qu'il m'a fallu mener seul de bout en bout. Chez nous, c'est uniquement celui qui appuie sur la queue de détente qui assume. On est partenaires dans la réussite, mais il n'existe qu'un seul responsable quand les choses se compliquent.

Les syndicats d'officiers ont fait mieux encore et se sont opposés aux propositions du ministère de l'Intérieur de me faire passer deux échelons (dans la police, on monte d'un échelon tous les deux ans) pour me récompenser après l'affaire de Neuilly. En me faisant grimper deux échelons, on me permettait de « gagner » quatre ans de carrière. Nous étions huit ou dix à pouvoir en bénéficier au RAID, mais nos syndicats étaient contre, considérant que nous n'avions fait que notre travail, et c'est finalement l'administration qui a insisté pour nous faire profiter de cette mesure. Ces deux échelons m'ont permis de passer au grade d'inspecteur divisionnaire et j'ai été nommé à titre exceptionnel pour acte de bravoure. Le commissaire Robert Broussard nous a remis la médaille des actes de courage et de dévouement et, dix ans plus tard, le 21 juillet 2003, j'ai reçu la Légion d'honneur des mains de Nicolas Sarkozy. Le ministre de l'Intérieur a fait à cette occasion un discours dithyrambique, personnel et plein d'éloges à mon égard. Quand il parlait de moi, on aurait dit que je cassais la croûte avec lui tous les jours. Le froc de la boulange est encore humide et poisseux de cette jouissance -

L'instruction judiciaire durera un peu plus de seize mois pendant lesquels mon sort restera suspendu à la décision des juges (le juge Gérard Poirotte reprendra le dossier après le départ du juge Alain Prache). Seize mois pendant lesquels il m'arrivera souvent de m'imaginer assis dans le box de la cour d'assises, jusqu'au jour où le juge va me donner une bribe d'information « rassurante » en répondant, au détour d'un rendez-vous, à la question que je lui avais posée lors de notre première rencontre : « À partir de quel moment étions-nous dans le cadre de la légitime défense ? »

Commentaire du juge :

— À partir du moment où il est entré dans cette classe bardé d'explosifs, vous étiez à tout instant dans le cadre de la légitime défense...

Broussard est "le" spécialiste de la bravoure et du courage.
Toussaint 79 porte de Clignancourt.

La décision tombe le 21 novembre 1994.

Les juges rendent un non-lieu : « Daniel Boulanger était en état de légitime défense quand il a pris la décision d'appuyer par trois fois sur la queue de détente de son arme de dotation en direction du preneur d'otages. »

L'ordonnance de non-lieu contient des éléments non encore connus de l'affaire, notamment le détail très instructif de la réunion qui s'est tenue entre les autorités avant l'assaut et au cours de laquelle a été prise la décision d'endormir le preneur d'otages. Ainsi figure à la cote D 41 de la procédure un procès-verbal intitulé « Compte rendu de réunion », rédigé par le patron de la brigade criminelle de la préfecture de police de Paris, ainsi conçu :

« L'an mil neuf cent quatre-vingt-treize
« le 15 mai
« à une heure quarante-cinq
« Nous, Pierre Cavin, commissaire divisionnaire
« Chef de la brigade criminelle
« Officier de police judiciaire
« Poursuivant l'enquête
« Nous trouvant dans les bureaux de la directrice de l'école du Commandant-Charcot à Neuilly-sur-Seine (92), en présence de M. Hardy, préfet des Hauts-de-Seine, et de M. Cancès, directeur de police judiciaire de la préfecture de police de Paris,
« Constatons l'arrivée de M. Lyon-Caen, procureur de la République de Nanterre, qui nous informe de l'interruption des négociations avec le preneur d'otages.
« M. le préfet des Hauts-de-Seine fait part à M. Lyon-Caen d'une possibilité d'intervention des hommes du

RAID, dans le but de tenter de retirer les enfants retenus en otages dans la salle de classe. L'opération d'intervention consisterait à injecter dans le café destiné à "HB" un produit susceptible de l'endormir et à profiter de son assoupissement pour pénétrer dans la salle de classe par la porte ouvrant sur la salle contiguë à celle où se trouvent les enfants. Une protection de ce dispositif serait assurée en pénétrant par la porte donnant sur le couloir et permettant de surveiller le preneur d'otages.

« M. le procureur de la République donne son accord à la réalisation de cette opération qui devra être mise au point par les fonctionnaires du RAID [...]. »

Entendu par le juge au cours de l'information, l'auteur de ce procès-verbal, le commissaire Pierre Cavin, précisera que, compte tenu de l'évolution de la situation, de l'état de nervosité des enfants notamment, le préfet des Hauts-de-Seine avait, au cours de cette réunion, évoqué l'hypothèse d'une intervention ayant pour but de récupérer les enfants sous la protection du RAID, et que le procureur de la République n'avait pas émis d'avis contraire.

Claude Cancès, patron de la police judiciaire, entendu lors de l'instruction, déclarera, lui aussi, que le procureur de la République de Nanterre avait donné son accord à l'intervention. Cité dans l'ordonnance de non-lieu, Claude Cancès explique que le samedi, entre 1 heure et 2 heures du matin, le préfet des Hauts-de-Seine avait fait part du projet consistant à verser une sorte de somnifère dans la boisson d'Érick Schmitt en vue de faciliter la pénétration des fonctionnaires du RAID dans la salle de classe et de parvenir à la libération des otages ; que cette idée avait été entérinée par toutes les personnes présentes : procureur de la République, chef de la brigade criminelle et lui-même, et que c'était donc à ce moment-là qu'avait été prise la décision d'intervention.

Même version du préfet des Hauts-de-Seine, Charles-Noël Hardy, ainsi cité dans l'ordonnance de non-lieu : après avoir indiqué qu'il craignait que le preneur d'otages ne fasse exploser son dispositif et qu'il avait, le 15 mai, vers minuit et demi, donné son accord de principe au schéma d'intervention que lui proposait le commissaire principal Borel-Garin (chef adjoint du RAID), consistant en l'administration d'un produit somnifère à Érick Schmitt, pour autant qu'il ne puisse être détecté par son goût ni ne produise d'effets secondaires, schéma sur lequel il avait aussitôt obtenu un accord du cabinet du ministre de l'Intérieur sous réserve du « feu vert » que donnerait le ministre lui-même, M. Charles-Noël Hardy a déclaré que, vers 2 heures, s'était tenue une réunion de crise au cours de laquelle il avait informé le procureur de la République, le directeur général de la police nationale et le responsable de la brigade criminelle du scénario retenu que le procureur de la République avait agréé ; qu'après cette réunion, le commissaire Borel-Garin lui ayant rendu compte qu'un produit présentant toutes garanties avait été trouvé, il avait donné son accord pour qu'on le fasse absorber au preneur d'otages.

Curieusement, le seul à avoir perdu la mémoire sur les événements de cette nuit-là est le procureur de la République... celui qui s'acharnera tellement contre moi par la suite. Voilà ce que retient de lui l'ordonnance de non-lieu : M. Lyon-Caen a indiqué qu'il n'avait pas le souvenir qu'une intervention du RAID ait été envisagée au cours de

ils ont le souci de preserver la santé d'H.B.

la réunion de la cellule de crise qui s'était tenue après sa dernière négociation avec Érick Schmitt. Il a toutefois précisé qu'à l'occasion d'une conversation qu'il avait eue avec le préfet des Hauts-de-Seine juste avant son départ des lieux, le 15 mai vers 2 h 45, l'hypothèse d'un endormissement du preneur d'otages avait été évoquée, ainsi qu'une éventuelle intervention du RAID pendant son sommeil naturel ou provoqué, sans qu'il ait été question de la mission précise du RAID ni d'une quelconque neutralisation d'Érick Schmitt. Il a ajouté que si une intervention nocturne avait été envisagée, il serait resté sur les lieux.

Personnellement, j'ai l'impression que le procureur Lyon-Caen a la mémoire... sélective.

Quoi qu'il en soit, après avoir reçu l'accord du préfet Hardy, le patron du RAID fait contacter, le samedi à 2 h 30, le Dr Olivier Lamour, anesthésiste-réanimateur au SAMU de Paris, qui arrive à la maternelle une heure après. Le Dr Lamour est alors informé de l'idée de faire absorber un somnifère à HB. Il contacte son chef de service, le Pr Geneviève Barrier, qui lui donne un avis favorable pour préparer le « cocktail ».

Le Dr Lamour se met au travail et mélange, en tenant compte du poids estimé de HB et de son état de fatigue puisqu'il n'a pas dormi depuis plus de quarante heures, deux substances – 5 mg d'Hypnovel et 7 g de Gamma-OH – qu'il verse dans un pichet contenant trois quarts de litre de café qui vont être apportés au preneur d'otages. Le Dr Lamour déclarera par la suite au magistrat instructeur qu'à aucun moment il ne lui a été demandé d'utiliser des substances non décelables pour endormir Érick Schmitt.

Le Pr Bruno Pats, chef du département d'anesthésie-réanimation de l'hôpital d'instruction des armées Bégin, sera consulté plus tard à titre d'expert pour dire quels pouvaient être, sur un plan général, « les effets de l'ingestion d'un tel breuvage par un individu de sexe masculin pesant 84 kg » (poids réel d'Érick Schmitt au moment de l'autopsie de son corps à l'institut médico-légal de Paris). Sa réponse est ainsi versée au dossier d'instruction :

« Dans la situation particulière de l'ingestion d'une seule tasse par l'individu privé de sommeil depuis quarante-quatre heures [...], une tasse de café contient 10 cl, soit environ un septième du volume du "cocktail" préparé, soit 1 g de Gamma-OH et 0,7 mg d'Hypnovel : des doses minimes et infrathérapeutiques.

« Par ailleurs, une aussi longue privation de sommeil est connue pour entraîner chez tout individu une baisse des performances des activités mentales (vigilance, réactivité, attention, perspicacité). Le privé de sommeil reste cependant exposé à un endormissement difficile tant qu'il persiste une situation de stress et d'anxiété.

« La seule action du gamma-OH et de l'Hypnovel ingérés, à des doses aussi faibles, est d'apporter une ébauche de sédation, laquelle diminue le stress et la fatigue et facilite ainsi le sommeil. En revanche, le sommeil qui fait suite à une longue privation de sommeil expose à une phase de rebond bien connue des neurophysiologistes : le sujet va dormir beaucoup plus. »

À 4 h 20, le samedi, le médecin-capitaine des pompiers de Paris, Évelyne Lambert, sort de la salle de classe. HB lui a demandé d'apporter du café.

Louis Bayon en informe le préfet des Hauts-de-Seine et lui indique que le plan va pouvoir fonctionner puisque le café contenant les substances somnifères est prêt. Le patron du RAID propose au préfet un plan d'évacuation des enfants comportant trois variantes, qui pourrait être appliqué dès qu'Érick Schmitt sera endormi :

1. Évacuation pure et simple des enfants par le RAID.
2. Évacuation des enfants par un premier groupe pendant qu'une seconde équipe se positionne à proximité du preneur d'otages, prête à le neutraliser s'il se réveille.
3. Neutralisation de HB pendant son sommeil et évacuation des enfants.

Comme convenu, le préfet Charles-Noël Hardy contacte aussitôt le directeur général de la police nationale (DGPN), Claude Guéant, auquel il fait part de ces trois options. Guéant appelle Charles Pasqua qui décide la mise en application de l'option 2. L'ordonnance de non-lieu rédigée par le juge Poirotte mentionne que : « Pour le directeur adjoint de cabinet du ministre de l'Intérieur, le préfet Hardy et le commissaire divisionnaire Louis Bayon, il était évident que neutraliser Érick Schmitt s'il se réveillait pendant l'évacuation des enfants signifiait le tuer, compte tenu de la nécessité de prévenir une activation rapide de ses explosifs. »

À 4 h 50, Évelyne Lambert apporte dans la salle de classe une bouteille Thermos contenant le café. Elle ignore que la boisson est « piégée ». Médecin-capitaine des pompiers de Paris, elle n'a pas été mise dans la confidence parce qu'à ce moment-là, les autorités n'ont plus tout à fait confiance dans les pompiers de Paris. Quelques heures auparavant, en effet, deux médecins des pompiers, approchés pour droguer le café de HB, ont refusé d'accéder à cette demande en raison des « problèmes d'ordre éthique » qu'elle pose. C'est pourquoi le patron du RAID a dû faire appel au Dr Olivier Lamour du SAMU.

Dans la salle de classe où commence à pénétrer doucement la lueur du jour, HB demande, comme il le fait systématiquement, à Évelyne Lambert de goûter le café qu'elle lui verse. Elle porte le gobelet en plastique à ses lèvres. Quand HB boit à son tour, il grimace en lâchant que le café est « dégueulasse ».

À 5 h 55, Érick Schmitt se déplace dans la salle de classe pour vérifier ses installations. Son mouvement est observé sur l'écran du PC opérationnel.

À 6 h 10, Évelyne Lambert quitte la salle et s'entretient avec le commissaire principal Borel-Garin.

À 6 h 27, entendant l'une des fillettes pleurer, le capitaine Évelyne Lambert entre dans la salle de classe. Après s'être occupée de la petite élève, elle s'approche de HB et constate qu'il est allongé sur un matelas dans l'espace qu'il s'est aménagé et qu'il semble dormir. Elle ressort, craignant une simulation du preneur d'otages, et entre à nouveau. Là, elle s'approche de lui et, ainsi qu'elle le déclare dans son audition par le juge d'instruction :

« J'ai constaté que l'objet cylindrique d'où partaient les fils allant au sac avait glissé de sa main gauche et était à environ 10 cm de celle-ci. J'ai posé ma main gauche sur son bras droit, doucement, en la bougeant légèrement. Je voulais éviter à tout prix un geste brusque qui provoque une réaction de la part de HB. Je l'ai réveillé, il a ouvert les yeux, il m'a regardée, je l'ai engueulé lui disant : “Réveillez-vous, vous dormez, vous ne vous rendez pas compte de la situation dans laquelle vous me mettez.” Quelques instants plus tard, il glissait à nouveau... J'ai rejoint les gens du RAID et j'ai dit à Borel-Garin que je ne pensais pas qu'il bluffait mais qu'il dormait réellement. »

Il est un peu plus de 7 heures. Borel-Garin demande à Loïc Janot de venir nous chercher, André et moi.

« ... Pendant quelques instants, poursuit Évelyne Lambert dans son procès-verbal d'audition, je suis restée seule, puis Borel-Garin est revenu et m'a dit : “Tu re-rentres, tu dégages les deux portes d'accès côté couloir et classe mitoyenne, tu protèges les filles en ne les laissant surtout pas dans ce qui est le dortoir qui a été aménagé car, en cas de tir, elles pourraient se trouver dans l'angle de tir.” Je devais enlever le banc qui était derrière la porte d'accès couloir, déplacer les cartons de nourriture, les pots des filles, ôter la dynamite qui était tout près de l'accès de la classe mitoyenne, le fil de cette dynamite entourant la poignée même. J'ai fait tout cela en me faisant aider des filles, en prétextant auprès d'elles qu'il convenait de ranger la salle de classe avant l'arrivée de l'institutrice. Nous avons fait du bruit, un bruit monstrueux, les chaises grinçant sur le sol. Au début, HB s'est réveillé puis, comme il a compris que nous rangions, cela a dû le réconforter et il s'est habitué à cette sorte de bruit de fond. Toujours en jouant, j'ai indiqué aux filles que nous allions faire le jeu de la tortue, je les ai fait allonger sur les matelas à l'autre bout de la pièce par rapport au dortoir, c'est-à-dire tout près du mur avec la classe mitoyenne, à peu près dans la partie centrale de ce mur. Je leur ai dit de s'installer sur des matelas, j'ai renversé les tables, j'ai mis d'autres matelas devant ces tables, en protection, j'ai remis des matelas sur les filles, j'ai vérifié que les accès étaient libres. [...] De même, j'ai enlevé sur le meuble qui était juste en face de HB son casque et des chaises d'enfants qu'il avait placées tête-bêche et ce, afin de permettre aux hommes du RAID d'avoir une meilleure visibilité. Puis, conformément à ce qui avait été convenu, j'ai enlevé ma blouse devant l'objectif de la caméra... »

À 7 h 28, HB ouvre un œil et amorce un mouvement. Je tire trois fois.

Je porte seul la responsabilité de ces trois coups de feu.

Deuxième Partie

Chapitre V

Formateur au RAID

J'ai quitté le RAID en 1994. En 1997, je suis à la BREC, la brigade régionale d'enquête et de coordination de Versailles, après un passage à l'Unité de coordination de la lutte antiterroriste (UCLAT). Auparavant, j'ai transité au SCTIP (Service de coopération technique international de police) d'où je suis vite parti, déçu par l'égoïsme des gens, les « petits arrangements » et les magouilles pour se faire attribuer les postes intéressants – et les mieux rémunérés – à l'étranger.

À la BREC, j'ai retrouvé le plaisir d'un travail de terrain à courir derrière braqueurs et voyous. L'ambiance me rappelle un peu celle du RAID. La BREC de Versailles est la première brigade régionale d'enquête et de coordination, créée à titre expérimental par Christian Lambert, qui va devenir plus tard patron du RAID et occupe aujourd'hui en 2007 le poste de directeur de cabinet du préfet de police de Paris, Michel Gaudin.

Les BREC sont alors un genre de « BRI régionales[1] », des groupes chargés de faire du « saute dessus », qui disposent d'équipements d'intervention, mais peuvent aussi travailler en civil. L'essentiel de leur travail consiste à surveiller les milieux du banditisme, les bandes des cités et certains libérés conditionnels. À Versailles, nous procédons à de nombreuses interpellations d'individus dangereux pour lesquels un matériel adapté est nécessaire depuis l'armement jusqu'aux tenues d'assaut et aux systèmes d'ouverture de portes.

Ce matin-là, nous intervenons dans une cité sensible des Yvelines pour « serrer » deux hommes recherchés pour des braquages. Le briefing s'est tenu la veille et nous savons qu'il y a deux points de chute dans des immeubles voisins. Le premier appartement est au cinquième étage. La seconde intervention se passe dans le bâtiment suivant, au deuxième étage.

J'ai horreur d'arriver en retard et de me précipiter. À 4 heures du matin, je suis à la BREC pour préparer le matériel d'intervention. Les collègues arrivent un à un et commencent à s'équiper.

À 6 heures, nous déboulons au pied des immeubles. Mon collègue Benoît et moi-même transportons chacun notre bélier, un tube en métal de près de vingt kilos équipé de deux poignées pour défoncer les portes palières. Comme les autres, nous sommes équipés d'un gilet pare-balles d'une douzaine de kilos, de nos armes et de nos munitions.

Quand nous entrons dans le hall de l'immeuble, l'ascenseur est déjà occupé par les premiers arrivés, que

1. La BRI était initialement une brigade exclusivement parisienne. Les BREC ont été par la suite renommées BRI, et désormais officient sur tout le territoire français.

nous avons eu du mal à suivre en courant avec nos béliers dans les bras. La porte se referme à notre nez et l'ascenseur démarre. Nous nous regardons, Benoît et moi, et fonçons vers l'escalier pour grimper les cinq étages. Les autres nous attendent en silence sur le palier avec un air de reproche en nous désignant une porte. Nous posons les béliers trente secondes afin de reprendre notre souffle et nous y allons à deux. La porte vole en éclats, les collègues nous bousculent et entrent en criant. En quinze secondes, tout est terminé. Les occupants sont neutralisés et notre premier client menotté. En route pour le second objectif mais, cette fois-ci, pas question que Benoît et moi montions à pied.

Quand nous prenons place dans l'ascenseur, trois collègues de la BREC s'y précipitent. Nous n'avons même pas le temps de leur demander de ressortir que la cabine descend brutalement de cinquante centimètres dans un vacarme épouvantable. La porte métallique s'est refermée derrière nous. Impossible de la rouvrir et l'ascenseur qui a cédé sous la surcharge refuse obstinément de bouger.

À l'intérieur, pas moyen de faire le moindre geste. Nous faisons les comptes : en caleçon, le plus léger d'entre nous doit peser quatre-vingts kilos. Nous ajoutons le poids des gilets, des casques d'intervention, des armes et des béliers et finissons par nous engueuler copieusement sous l'œil médusé des autres policiers qui nous voient à travers la lucarne vitrée de la cabine.

L'intervention se passe sans nous. De la cabine, nous entendons les échos de l'opération, les aboiements du chien antidrogue et les cris. Un moment après, nous voyons passer un défilé de jambes. De temps en temps, un visage ami apparaît dans la lucarne. La porte ne s'ouvre toujours pas mais nous captons quelques mots :

— On va vous sortir de là, le technicien arrive !

Et, pour finir :

— Surtout, ne bougez pas !

Comme si nous le pouvions ! Dans la cabine, l'air devient irrespirable. Pas moyen de lever les bras pour ôter nos gilets. Nous sommes écrasés les uns contre les autres, dégoulinant de sueur dans nos vêtements après notre course effrénée. L'ascenseur est une fournaise. Nous avons réussi à retirer nos casques mais il est impossible de les faire glisser entre nous pour les poser à nos pieds.

Les trois autres nous reprochent presque d'être entrés ; c'est la meilleure ! La discussion reprend de plus belle et j'en ai plus qu'assez de leur mauvaise foi. J'ai envie que tout le monde se taise.

Et je lâche soudain :

— Il ne faudrait pas que les voyous de la cité décident de s'en prendre à nous... Si quelqu'un nous balance un cocktail Molotov à travers la lucarne... ça va faire du poulet grillé !

Dans l'ascenseur, le rapport de force a changé de camp. Je sais que des policiers sont restés sur le palier et que nous sommes protégés. Benoît s'amuse lui aussi et en rajoute. Les trois autres sont visiblement inquiets et font moins les marioles.

Le technicien arrive enfin. Il était temps. Et nous quittons la cité sous les huées des habitants.

Un soir, le téléphone sonne chez moi. C'est Christian Lambert, alors numéro deux du RAID. Je l'ai connu à la BRI où nous étions inspecteurs et c'est lui qui m'a emmené sur ma première prise d'otages. C'est un garçon que j'apprécie beaucoup, qui dort quatre heures par nuit, déteste perdre son temps et passe ses week-ends au bureau ou sur le terrain. Il est devenu commissaire à force de travail et personne ne mérite mieux que lui d'avoir été nommé à ce poste « au choix », c'est-à-dire sans passer le concours interne imposé aux inspecteurs (ou officiers). Après trois civilités, il en vient aux faits :

— Daniel, veux-tu revenir au RAID pour t'occuper de la formation ?

Christian me connaît bien. Il a déjà la réponse à cette question. Mon départ du RAID, après l'affaire de la maternelle de Neuilly, ne s'était pas fait de gaieté de cœur. Tous ceux qui ont servi dans cette unité gardent la nostalgie de moments forts et uniques. Après cela, tout est un peu fade.

Je repousse donc la porte du service en février 1998 pour diriger le groupe formation avec André Duquesnoy, « Dédé », et Robert, mes vieux complices. L'un et l'autre sont des professionnels incontestés et respectés. Quel bonheur de revoir leurs trognes dignes des Tontons flingueurs. Malgré leur abord peu engageant, ces deux-là sont abonnés à la gentillesse et à l'humilité et cultivent le mot « Amitié » avec un A majuscule. C'est en les observant que je découvre comment il faut enseigner à nos nouvelles recrues.

La première qualité est innée : il faut aimer ceux auxquels on enseigne son savoir. Il ne peut y avoir ni contact ni crédibilité sans cela, et il est impossible de « faire passer » à l'autre des techniques, des tactiques ou des méthodes lui assurant un maximum de sécurité. Dans la police, la responsabilité des formateurs est énorme. Malheureusement, un grand nombre d'entre eux n'ont pas les compétences nécessaires et pensent plus à leur propre avenir qu'à celui de leurs élèves.

Les formateurs du RAID sont avant tout des policiers qui vont sur le terrain.

Pendant les années que j'ai passées à former les hommes du RAID, je suis donc allé naturellement (avec Robert et Dédé) là où je demandais à mes garçons de se rendre. J'étais sur le terrain avec eux et nous avons essayé de leur apprendre à être toujours responsables de leur propre sécurité en même temps que responsables de la sécurité du groupe.

L'approche de l'arme est l'un des moments les plus délicats de la formation du policier. Pour moi, ce fut une obsession. On déplore trop d'accidents qui auraient pu être évités. J'ai rappelé des centaines de fois à l'ordre des jeunes qui se déplaçaient, à l'entraînement, avec le doigt déjà posé sur la queue de détente alors qu'il doit impérativement rester toujours le long du pontet. C'est la règle absolue à laquelle il ne faut jamais déroger. Nous connaissons tous des histoires stupides de tirs intempestifs que les rapports de police appellent « tirs accidentels ».

Trop d'exercices proposés dans la formation des policiers impliquent aujourd'hui encore l'index positionné sur la queue de détente. C'est absurde et il suffit de s'être retrouvé en situation réelle pour le comprendre parfaitement. Dans une situation critique, le phénomène de stress est très important et, parmi les nombreuses perturbations psychologiques et physiologiques qui apparaissent lorsque l'on se sent en danger, se produit une augmentation importante de la force musculaire et une perte de la sensibilité et de la psychomotricité. Ce qui signifie que, si le policier a déjà le doigt sur la queue de détente, les risques qu'il fasse feu sans s'en rendre compte sont très élevés. Ceux qui affirment doctement que poser le doigt sur la queue de détente fait « gagner du temps » sont des incompétents ou des inconscients. Ils n'ont raison que sur un point : le policier va gagner du temps... pour commettre une bavure.

Pendant quatre ans, j'ai été responsable du recrutement au RAID. Une fonction passionnante mais exigeante. Sélectionner les meilleurs signifie « s'autoriser » un jugement avec un maximum d'impartialité et une perfection que personne ne possédera jamais. Peut-être n'avons-nous pas recruté des garçons qui nous apparaissaient « non conformes » dans l'instant et qui se seraient ensuite avérés excellents professionnels. Peut-être avons-nous aussi commis l'erreur inverse de donner leur chance à des gens qui ne s'inscriront pas dans la durée.

Je pense humblement, pourtant, que nous sommes parvenus actuellement à une méthodologie de recrutement au RAID qui limite les erreurs.

Les critères de sélection pour entrer au RAID varient selon la mission qui sera demandée au candidat. La section « Intervention » est le groupe où la sélection est la plus drastique. Les candidats – tous gardiens de la paix ou officiers – doivent avoir au moins trois ans d'ancienneté dans la police pour postuler. Les candidats sont tous des policiers « opérationnels » choisis sur dossier avant même de pouvoir prétendre aux tests. Nous retenons à chaque fois une quarantaine de fonctionnaires convoqués pour une semaine d'épreuve.

Pour repérer ceux qui correspondent au profil idéal, nous avons créé, et amélioré au fil des années, des épreuves et une méthodologie qui réduit au minimum les erreurs de casting. Nous observons trois critères principaux : la psychologie, le professionnalisme et le physique. Celui que nous recherchons pourrait être défini comme « un guerrier humble aimant la vie en collectivité ».

La semaine type débute par une première série d'épreuves physiques simples mais éliminatoires, ce qui permet aux candidats malheureux d'être fixés sur leur sort dès la fin de la première journée. Point de passage obligé, certaines de ces épreuves consistent à additionner le poids du gilet pare-balles (15 kg), du casque (5 kg), du bouclier (10 kg), des armes, de l'équipement radio et de tous les accessoires annexes. Avec ces 40 kg de surpoids, le postulant va devoir bouger, courir, grimper et se lancer dans des parcours d'endurance. Faire du sport est une nécessité au RAID. Il faut être fort physiquement mais aussi être un combattant. La plupart de ceux qui se présentent sont déjà de bons boxeurs, judokas, lutteurs ou karatékas. Il faut aussi maîtriser l'élément aquatique. Les candidats sont d'ailleurs testés sur des parcours spéciaux.

La suite des épreuves se fait par équipes. Les candidats doivent résoudre des situations difficiles lors d'interpellations d'individus dangereux, de prises d'otages ou de filatures pouvant aller jusqu'à des exercices de tir en situation réaliste. Là, nous nous attachons plus à l'attitude du policier qu'à sa connaissance technique. Il est intéressant d'observer s'il panique ou si, au contraire, il parvient à conserver son sang-froid et à prendre une décision adaptée. Tout au long de la semaine, les horaires et emplois du temps lui sont inconnus. Il ne sait pas ce qui l'attend et nous le plaçons « artificiellement » dans le quotidien de notre vie professionnelle. Quand j'ai déposé ma fille à l'école, au matin du 13 mai 1993, je ne savais pas que je passerai les deux nuits suivantes avec des bambins pris en otages dans une école maternelle, que je ne la reverrai peut-être plus et que ma vie ne serait plus jamais pareille. Il faut donc bousculer le candidat, le mettre face à des difficultés logistiques et « organisationnelles » identiques à celles qu'il aura à affronter. Ainsi peut-il nous arriver de le réveiller avant l'aube pour le faire courir alors qu'il vient de se coucher.

Enfin, le postulant va subir toute une batterie de tests psychologiques sous la conduite de psychologues de la police nationale et il est parfois étonnant de découvrir la « face cachée » de certains qui jusque-là correspondaient à nos attentes. L'intérêt de ces tests est de pousser les hommes et les femmes à bout pour connaître leurs réactions lorsque la fatigue physique, morale et psychologique commence à s'installer en eux.

À l'issue de cette semaine, seuls sont retenus ceux qui ont fait montre de dispositions exceptionnelles. Il faut être bon partout et en tout. Une excellente note dans une « discipline » ne rattrapera pas un zéro dans un autre domaine. Le candidat doit savoir s'adapter au groupe et aimer le travail collectif, un peu comme au rugby. Nous ne recherchons pas des sportifs qui font de la police mais des policiers qui font du sport.

Au RAID, nous ne sommes limités par aucun quota. Ceux qui ont réussi les tests sont acceptés qu'il y en ait un seul ou dix. Ils viennent ensuite nous rejoindre dès qu'une place se libère. Leur formation initiale dure alors trois mois. Il s'agit plus d'une « information » que d'une formation réelle où tous les aspects de la mission d'intervention vont être abordés de la manière la plus pragmatique possible. Durant cette période, les stagiaires sont constamment observés et évalués et il arrive que nous nous séparions de certains. D'autres se rendent compte eux-mêmes, parfois, qu'ils ne sont pas au bon endroit et quittent le RAID. À

Pas de Mouloud !

l'issue de la formation, le nouveau est affecté dans l'un des groupes de la section d'intervention pour une période probatoire de six mois. Il prendra son tour dans la liste d'alerte mais ne sera pas « mis à la porte » immédiatement : il va acquérir petit à petit l'expérience indispensable avant l'épreuve ultime, porter à son tour le bouclier et entrer le premier. Affronter le moment où la porte explose et où il faut avancer en tête de colonne, où tout peut basculer.

Les derniers arrivants au RAID me plaisent beaucoup. Qu'ils s'appellent Franck, Jimmy ou Rudy, je sais qu'ils ont l'« esprit ». C'est une tradition : le casque ou le gilet pare-balles qu'on leur remet à leur arrivée ont appartenu à un ancien. Ces équipements sont « habités ». Ils ont servi en intervention. Leur précédent propriétaire a couru, transpiré, vécu des peurs et des échecs, des succès, aussi, en les portant.

Le Glock 17 qu'on leur confie a tremblé dans d'autres mains, menacé, sauvé des vies. Peut-être en a-t-il pris aussi… Il porte les traces d'usure de gestes initiatiques cent fois répétés et, avec eux, la chaleur encore et la force de celui qui a, un jour, été contraint de s'en séparer. Un autre vient alors qui doit en prendre soin à son tour.

Il est le nouveau « dépositaire » de la mission du RAID.

Que les jeunes soient fiers de poser leurs empreintes dans les nôtres. Cela signifie que l'esprit demeure et que ceux qui sont morts dans leur combinaison noire anonyme sont encore là comme des fantômes bienveillants.

L'emblème du RAID a été modifié il y a quelques années. Au milieu des couleurs nationales, l'écusson que nous portons sur l'épaule gauche comporte désormais une étoile noire à cinq branches sur fond blanc. Elle commémore la mémoire de nos amis tués en service.

Et cet insigne doit rappeler à ceux qui nous ont succédé que chaque départ en opération est une équation à une inconnue : y aura-t-il un retour ?

Délire féticho-mystique.
Magnifique.

Chapitre VI

LES POTES TUÉS EN OPÉRATION

Le RAID, ce sont aussi des opérations, des missions à haut risque. Et, parfois, la mort.

31 août 1989, le forcené de Ris-Orangis

C'est un jeudi. Je suis rentré de vacances plus tôt que prévu et je regarde la télévision. Un flash interrompt le programme et annonce que « des » policiers du RAID ont été tués en intervention par un forcené. Un coup de fil au service. Le permanencier hésite quelques instants et j'entends deux noms :

— Kiki et Fernand...

Puis un troisième :

— Et Zouzou est salement touché.

Kiki, c'est Christian Caron, un ami de dix ans. Nous avons travaillé ensemble, avec Loïc Janot, à la brigade de recherche et d'intervention de Paris, la brigade antigang.

Nous étions dans le même groupe. Je les avais ensuite rejoints au RAID.

Je n'arrive pas à le croire. À ce moment-là, on voudrait n'entendre aucun nom, mais il en est qui sont encore plus durs à digérer que d'autres. Je pense à Catherine, sa femme, et à leurs enfants.

J'ai un moment de flottement. Au téléphone, mon collègue prononce des paroles qui ne m'arrivent plus. J'ai l'impression que la pièce s'est vidée de son air. J'essaie de me répéter cette phrase qui n'a aucun sens et que mon cerveau refuse d'enregistrer : « Kiki et Fernand sont morts... »

Dans ma voiture, l'information déboule sur toutes les ondes. Vingt minutes plus tard, je suis au RAID. Quand j'arrive, la plupart des gars sont déjà de retour de Ris-Orangis et déchargent les voitures. J'en vois qui pleurent, d'autres qui passent, le visage fermé, avec leur barda.

Ça s'est passé dans un immeuble d'une petite cité. Le type a déjà attiré l'attention sur lui. Il s'appelle Gérard Marilier et est agent de sécurité chez IBM, en congé maladie depuis décembre 1985. C'est un dingue de 46 ans, collectionneur d'armes, qui possède, entre autres, un fusil de guerre. Tout le monde semble au courant mais personne n'est jamais intervenu.

Le gars est entré en crise quand un magistrat du parquet d'Évry, accompagné du commissaire Thomas et de trois inspecteurs de police, est venu lui signifier son internement d'office en asile psychiatrique.

Retranché dans son appartement depuis quinze jours, l'homme ne voyait plus personne, ne parlait pas, sortait la nuit pour éviter tout contact et ne mangeait plus.

Marilier ne répond pas au magistrat, qui fait alors appel aux pompiers pour crocheter les volets et casser un carreau. Un coup de feu part de l'intérieur de l'appartement. L'inspecteur Jean-Luc Grandjean, qui venait d'enjamber la balustrade du balcon, est touché au visage. Il a la joue arrachée.

De toutes les interventions, la maîtrise de forcenés est parmi celles que nous redoutons le plus. Le gars attend armé et barricadé dans un lieu dont il connaît la configuration, l'emplacement des meubles et les moindres recoins. Dans la mesure du possible et si nous avons un peu de temps, nous essayons de nous faire expliquer la disposition de l'endroit par un voisin qui habite le même type de logement ou par un membre de la famille qui nous fait un croquis.

À l'arrivée du RAID, il n'y a plus aucun bruit dans l'appartement. Les voisins ont entendu un dernier coup de feu à l'intérieur une heure auparavant, puis plus rien. Certains pensent qu'il a pu se suicider.

Devant l'immeuble, le camion des pompiers est toujours là. Le RAID a cerné le bâtiment et, sur le palier, une équipe installe les explosifs sur la porte, un cordon détonant qui se déroule à la façon d'un adhésif. Il faut opérer en faisant le moins de bruit possible. C'est une porte blindée trois points. Impossible de déceler la qualité ni l'épaisseur du blindage.

Ange Mancini, le patron du RAID, est sur place et prend la décision de faire entrer deux équipes en simultané : une par la porte dès qu'elle aura explosé et une autre par la baie vitrée du balcon. Ils seront trois à pénétrer par cette baie – Kiki, responsable du groupe, Fernand et Zouzou –

pendant que quatre collègues resteront en couverture sur le balcon.

Tout le monde se prépare à l'assaut. Soudain, l'équipe du balcon voit Marilier se déplacer à l'intérieur de l'appartement et tente de prévenir les collègues qui vont entrer sur le palier. À ce moment-là, un coup de feu traverse le bouclier de Zouzou, sur le balcon. Non seulement le forcené ne s'est pas suicidé, mais encore il est agressif et utilise un calibre de chasse, du 7,64, capable de percer nos matériels de protection prévus pour arrêter les munitions tirées par les armes de poing. Il tire avec son fusil de guerre modifié en calibre de chasse.

Le groupe de Kiki essaie de communiquer avec ceux du palier, qui n'ont rien entendu, pour les mettre en garde, mais une « porteuse[1] » empêche la liaison : quelqu'un maintient enfoncé le bouton d'émission de son talkie-walkie et occupe en permanence le canal. Impossible de passer des messages. En intervention, nous fixons souvent la radio sur nos gilets pare-balles avec des scratchs. L'un des gars a dû malencontreusement serrer trop fort son appareil et le bouton émetteur est bloqué en position enfoncée.

La seule solution serait de faire le tour pour aller prévenir les autres dans l'escalier mais il est trop tard : l'équipe de Kiki vient d'entendre l'explosion de la porte. Il faut impérativement entrer en même temps pour créer un effet de diversion. Kiki, Fernand et Zouzou défoncent la vitre du balcon et se précipitent à l'intérieur.

La porte d'entrée, plus solide que prévu, a résisté à l'explosion et le second groupe n'a pas pu pénétrer. Depuis

1. Signal continu modulable bloquant la transmission de l'information.

le palier, ils sont plusieurs à entendre, impuissants, les derniers mots de Kiki qui hurle :

— Jette ton arme. Jette ton arme !

Et dans la seconde, c'est la fusillade. Kiki réussit à blesser Marilier de plusieurs balles à la poitrine mais il vient d'être touché au cou et au torse. Le calibre de l'arme est tellement puissant qu'il traverse tous les équipements. Christian va se vider de son sang en quelques dizaines de secondes sans pouvoir être évacué. Les collègues sont bloqués sous le feu du dingue qui s'est réfugié dans le couloir et canarde le balcon en se dissimulant dans un recoin. Zouzou et Fernand sont coincés dans le salon dans un dédale de mobilier renversé. Zouzou a perdu son arme[1] et s'est réfugié derrière une table renversée. Ça va durer plusieurs minutes. Il réussit à lancer une grenade détonante mais il est touché à la jambe par ces maudites balles qui transpercent tout ce qu'elles touchent.

Fernand est allongé près de lui, atteint lui aussi. Il a reçu une balle dans le dos qui a percé son gilet. Il a les poumons perforés et Zouzou l'entend agoniser. Depuis le balcon, le reste du groupe vide des chargeurs en direction du type, impossible à atteindre là où il s'est réfugié. On ne voit que le canon de sa carabine.

Sur le palier, les artificiers ont augmenté les charges et tentent toujours de faire péter la porte blindée. Les gars ont les tympans éclatés par la puissance des explosions et parviennent finalement à ouvrir avec une « hallebarde », un long manche en métal terminé par une sorte d'énorme décapsuleur, que nous utilisions déjà à l'époque de la « brigade des gaz » pour ouvrir les portes.

---

1. Après le drame de Ris-Orangis, on mettra des dragonnes à nos armes de poing.

Quand nos gars réussissent à entrer, Gérard Marilier s'est replié dans sa chambre. Il a posé son arme et se tient assis les mains sur la tête, attendant tranquillement qu'on vienne le chercher. Il est 22 h 15. L'opération a duré cinq heures.

Le soir de leur mort, nous nous sommes tous relayés pour veiller Kiki et Fernand. Nous étions là, Robert Paturel et moi, dans une salle aménagée en morgue, quand nos collègues de la police judiciaire de Versailles sont venus faire les constatations sur leurs corps. Nous avons assisté à ça, médusés. Leurs blessures étaient impressionnantes.

J'avais connu Christian Caron à la BRI. C'était un garçon qui ne vivait que pour la police. Il était d'origine polonaise et il adorait tous nos moments passés ensemble. C'est lui qui avait un jour inventé cette formule qu'on lâche parfois encore entre nous, au RAID : « La meilleure des armes, c'est une grosse paire de couilles. »

Et c'est vrai qu'il en avait.

Fernand Seither, lui, venait du GIPN de Strasbourg. Les groupes d'intervention de la police nationale assurent le même type de missions que le RAID, mais à l'échelon régional. Le RAID, lui, a une compétence nationale pour les missions d'importance ou de grande envergure. Fernand n'aurait pas dû être à Ris-Orangis ce jour-là, mais il était venu remplacer un collègue absent. C'était un professionnel qui connaissait son métier à la perfection. Sa femme était enceinte quand il a été tué. Il ne connaîtra jamais sa petite fille.

Marqué à vie, Thierry Azzouzi, « Zouzou », est resté plusieurs années encore au RAID mais les blessures physiques et psychologiques qu'il avait subies dans la tragédie de Ris-Orangis l'avaient profondément éprouvé. Pourtant il avait été pour nous jusqu'ici un amuseur raffiné et un merveilleux compagnon, l'épicurien du groupe. Ancien cuisinier, Thierry avait travaillé dans des palaces. C'est lui qui préparait nos repas lorsque nous étions en mission prolongée au Pays basque. Il était comme une mascotte que tout le monde voulait avoir dans son groupe.

Au RAID, nous avons une étrange photo d'eux[1] qui semble parler à ceux qui les ont connus. C'est un cliché pris peu avant ce 31 août 1989, sur lequel on les voit tous les trois : Fernand, Christian et Thierry. Bizarrement, ils regardent tous les trois le photographe. Ils sont les seuls. Tous les autres personnages sont tournés dans une autre direction.

En leur rendant hommage dans la cour du RAID, le ministre de l'Intérieur Pierre Joxe a souligné le courage des policiers du groupe « dont aucun ne s'est jamais pris pour un héros », ajoutant que « chacun sait pourtant en entrant ici qu'il aura à travailler dans des situations difficiles où le risque n'est jamais exclu ».

Christian Caron, inspecteur divisionnaire au moment de sa mort, a été élevé au grade de commissaire de police. Fernand était sous-brigadier. Il a été nommé officier de paix. Tous les deux ont été cités à l'ordre de la nation comme « policiers dynamiques, courageux et d'un dévouement exemplaire, victimes du devoir dans l'accomplissement de la mission qui leur avait été confiée », et une stèle a été inaugurée en leur honneur quelques années plus tard dans la cour du RAID.

---

1. Voir Annexe 4.

Après l'arrestation de Gérard Marilier, nous avons appris que la direction départementale de l'action sanitaire et sociale de l'Essonne (DDASS) connaissait la grande dangerosité de cet homme. Quinze jours avant le drame, le Dr Michel Mauroy, psychiatre au centre hospitalier intercommunal de Villeneuve-Saint-Georges, avait adressé une lettre à la DDASS d'Évry dans laquelle il recommandait que « des précautions exceptionnelles soient prises en cas d'exécution d'un arrêté de placement d'office ». La révélation de cette information a suscité la colère de la direction générale de la police nationale qui a réclamé des comptes. Ce à quoi la DDASS a répondu que « les policiers ne pouvaient pas ignorer le danger » puisque « les policiers locaux étaient déjà intervenus » et que les parents du forcené avaient signalé qu'il possédait un fusil de guerre.

Considéré comme malade par son employeur, par ses parents qui tentaient, en vain, de le faire interner en hôpital psychiatrique depuis dix semaines, et par ses voisins qui ne supportaient plus ses crises de démence, Marilier collectionnait les armes et vivait retranché dans son appartement.

On a avancé des tas d'explications. On a évoqué la folie, sa rupture avec sa petite amie quelque temps auparavant, un retard de quinze jours dans la signature de l'ordre d'internement de Marilier... Personne ne saura jamais. *Le Parisien* du samedi suivant titrait : « Deux super flics tués à Ris-Orangis : fallait-il donner l'assaut ? » Bonne question.

Est-ce la « revanche » de l'Histoire ? Aujourd'hui, JC, le fils de Christian Caron, est devenu policier... au RAID. Quand il s'est présenté aux tests d'aptitude, il avait un « handicap » supplémentaire : nous nous sommes demandé si nous avions le droit de l'accepter parmi nous. Nous nous sommes posé des questions « tordues ». La première était de savoir si nous devions laisser un fils prendre les mêmes risques – connus de nous tous – que son père, si nous avions le droit de l'exposer à la même mort. Nous nous sommes demandé s'il venait parce qu'il en avait le désir profond ou bien pour « remplacer » le père ? Est-ce qu'il ne prenait pas ainsi une revanche ?

Finalement, nous avons considéré le passé de sa famille. Le sien, celui de son père mais aussi celui de sa mère Catherine. Chez les Caron, tout le monde était impliqué dans la vie de la police. Quand nous étions à l'antigang[1], Catherine nous tricotait des pull-overs avec le logo « brigade antigang ». J'ai parfois l'impression que c'était « avant » la police. Je revois Kiki devant le barbecue qu'il avait installé dans sa maison de Lumigny. Nous vivions ensemble comme une famille. Nous l'avions aidé à terminer son garage... Toute la brigade antigang les pieds dans le béton !

Kiki avait quarante ans quand il est mort et Fernand, trente et un. Depuis, nous retournons chaque année dans le cimetière de Lumigny avec des collègues du RAID à la date anniversaire de sa mort, le 31 août. Un autre groupe va à Strasbourg où se trouve la tombe de Fernand. Nous passons voir leur famille et nous parlons d'eux autour d'un repas. C'est notre façon de les avoir encore un peu parmi nous. La tradition risque de se perdre parce que ceux du RAID qui ont connu Christian et Fernand sont presque tous partis aujourd'hui. C'est le problème de ces souvenirs

1. L'antigang ou la « brigade anticommando » (BAC) était composée de la BRI, renforcée par les moniteurs du CAPU (Centre d'application des personnels en uniforme) de l'école de police de Vincennes.

que nous devons, à mon sens, absolument conserver parce qu'il faut que les jeunes policiers du groupe sachent aujourd'hui d'où ils viennent. Ils doivent se rappeler que ce sont des hommes comme Kiki et Fernand qui ont créé le RAID et lui ont donné sa force et sa mémoire.

Le fils de Kiki, JC, le sait mieux que personne. Dans l'amphithéâtre du Centre national d'enseignement et de formation de la police de Gif-sur-Yvette, quand on lui a annoncé qu'il avait réussi les tests d'aptitude pour entrer au RAID, il a levé les yeux vers le ciel. Vers son père.

Après Ris-Orangis, nous avons pris la décision de ne plus entrer par les fenêtres. Quelque temps plus tard pourtant, sur une opération où un forcené tirait à la 22 Long Rifle depuis chez lui, les gars du groupe varappe voulaient absolument tenter une entrée par une fenêtre visiblement ouverte. C'était effectivement très tentant, mais nous avons décidé de nous en tenir à la nouvelle consigne. Grand bien nous en a pris car, après avoir fait sauter la porte et trouvé le gars qui venait de se suicider, nous nous sommes dirigés vers la fenêtre pour découvrir que l'homme avait cloué au sol les rideaux. De gros clous plantés dans le parquet. Nos amis auraient fait des cibles idéales en restant coincés derrière les rideaux.

Nous avons également demandé, après Ris-Orangis, que nos cartouches de 9 mm blindées – celles avec lesquelles Christian Caron avait touché le forcené sans qu'elles le neutralisent – soient changées pour des munitions mieux adaptées. Il a fallu attendre de nombreuses années encore pour obtenir un début de satisfaction, et je ne suis pas certain que nous disposions, aujourd'hui même, des balles

les plus adéquates pour le type d'intervention que mène le RAID.

On apprend plus, parfois, dans la souffrance et la douleur. Ris-Orangis a été pour le RAID l'occasion d'une profonde remise en question. C'est là aussi qu'a été envisagée la possibilité d'ouvrir les portes autrement qu'à l'aide d'explosifs et d'adopter le « Door Raider », un système hydraulique qui fonctionne comme un vérin et auquel rien ne résiste. En l'actionnant un jour dans une HLM contre une fermeture blindée verrouillée, l'appareil a arraché la porte, son chambranle... et une partie des murs !

16 avril 1996, la Corse, île de Beauté

J'ai toujours évité les missions en Corse. Je pense que policiers et gendarmes perdent leur temps là-bas. Les nationalistes sont arrêtés et relâchés aussitôt et beaucoup de voyous insulaires ne se donnent un vernis nationaliste que pour mener leurs juteux trafics.

J'ai soigneusement évité cet endroit. Il y a là-bas trop de réseaux et d'intérêts qui nous échappent. Je n'ai jamais été volontaire pour la Corse parce que trop de collègues y ont été tués et leurs meurtres restent impunis – pour des raisons politiques.

Et parce que cela ne changera jamais.

Je n'y suis allé que quelquefois, j'y étais obligé. C'était un 1er janvier. Nos collègues locaux avaient décroché un tuyau sur la préparation d'un attentat. Je pars là-bas avec une équipe. À Ajaccio, on nous fait un briefing sur les auteurs présumés et les voitures qu'ils utiliseront. Nous avons même les marques et les couleurs des véhicules et des indications sur leurs itinéraires. L'attentat vise un nouveau lotissement sans précision sur le lieu. En recherchant, nous repérons plusieurs cibles potentielles correspondant à de nouveaux quartiers dont les travaux viennent d'être achevés dans la région. Malheureusement, nous ne pouvons surveiller toutes les cibles. Nous faisons le choix de mettre des équipes en veille sur des itinéraires possibles.

Le moment venu, plusieurs équipes du RAID s'installent, en planque, sur les routes de la région. La consigne est de prendre en filature et d'interpeller en flagrant délit au moment où les « natio » poseront leurs explosifs.

Cette nuit-là, aucune des voitures signalées ne passe, sinon une camionnette suspecte qu'un groupe prend en « filoche » dans le maquis. Soudain, nous entendons au loin une énorme explosion et voyons un rideau de flammes dans la nuit, à la crête d'une colline. Quand nous arrivons sur place, c'est bien un lotissement qui a été piégé et il n'y a là, évidemment, plus personne.

Le lendemain matin, nous nous apercevons par une indiscrétion que nos collègues locaux disposaient en vérité de bien plus de précisions qu'ils n'avaient bien voulu nous en donner sur le lieu précis de l'attentat. Celui qui leur avait donné l'information faisait même partie de l'équipe des « incendiaires ». Dès lors, pourquoi nous avoir laissés chercher pendant des heures les cibles possibles ?

Les policiers corses voulaient-ils protéger leur « indic » ? Refusaient-ils de laisser le RAID interpeller, sur leurs terres, une équipe de nationalistes ? Plus grave encore, voulaient-ils carrément que ces gens-là ne soient pas arrêtés pour d'obscures connivences que nous ne devions pas connaître ?

Quelque temps plus tard, leur fameux indic était découvert dans le maquis, une balle dans la tête. Là encore, on peut se demander qui a donné son nom aux nationalistes…

J'ai toujours été étonné de la façon dont on obtient l'information en Corse et surpris de constater que cela ne marche jamais. Je me demande si on ne nous envoie pas au casse-pipe pour justifier ensuite certaines décisions politiques. Faut-il ne pas arrêter les nationalistes ou bien devons-nous nous retrouver face à eux pour qu'une fusillade serve ensuite à justifier un choix politique ?

Je n'ai pas de réponse.

La famille de René Canto, notre ami capitaine au RAID tué en Corse en 1996, n'a pas plus de réponses à toutes les questions qu'elle a posées après sa mort. C'était le mardi 16 avril.

Ce jour-là, trois collègues du RAID habillés en civil sont en filature, dans une voiture banalisée, derrière des nationalistes corses. Deux autres véhicules du RAID suivent à distance. À la demande du service régional de police judiciaire (SRPJ), nous suivons depuis plusieurs jours Jean-Luc Orsoni, 28 ans, et Charles Santoni, 30 ans, deux militants nationalistes membres de la Cuncolta Naziunalista, vitrine légale du FLNC-Canal historique. Santoni est soupçonné d'avoir participé quelques semaines auparavant, le 7 mars, à une tentative d'assassinat contre un militant de l'ANC (Accolta Naziunale Corsa), Yves Manunta. Une information judiciaire a été ouverte à la suite de cette tentative d'assassinat, puis une commission rogatoire délivrée au juge Tournaire. Le SRPJ d'Ajaccio, chargé de l'enquête, a fait appel à nous car Orsoni et Santoni sont réputés armés et très dangereux. Plus que des nationalistes, tous les deux sont surtout des malfaiteurs chevronnés. Santoni est connu des services de police pour diverses affaires, notamment un vol aggravé dans un supermarché qui lui a valu une condamnation en 1983. Quant à Orsoni, il a été condamné en 1991 pour braquage.

À 19 heures, sur une petite route qui prolonge le chemin de Loreto, là où les derniers immeubles font place à un stade de football et à des terrains vagues, les collègues, qui ont reçu dans la journée l'ordre d'interpeller, se préparent à intervenir. L'endroit est plus propice à une opération que les rues de la ville. Tout en roulant, les policiers mettent leurs brassards et posent le gyrophare sur le toit. Après avoir abordé la dernière courbe après les habitations, la voiture des deux nationalistes s'est arrêtée et fait face à celle des policiers.

Santoni et Orsoni ouvrent le feu. René Canto, assis à la place passager, est touché et va mourir quelques instants plus tard. Les deux voyous corses mitraillent le véhicule de police. Les habitants des maisons toutes proches et les jeunes qui s'entraînent au football sur le stade voisin témoigneront plus tard avoir assisté à une scène de guerre. Loulou, le conducteur, reçoit une balle de 44 magnum dans le ventre. Aplati sur la banquette arrière, Paulo réussit à s'extraire du véhicule, abat Jean-Luc Orsoni et interpelle Santoni, touché à la main et à l'épaule.

Placé en garde à vue à l'hôpital d'Ajaccio et entendu après son arrestation, Santoni se liquéfie et raconte avoir cru à une embuscade d'un groupe adverse. Dans le coffre de leur voiture, les deux Corses transportaient des gilets pare-balles et un véritable arsenal.

René Canto avait 35 ans quand il est mort. Il était père de deux enfants. C'était un formidable amuseur, plein d'énergie et d'enthousiasme. Au RAID, tout le monde a un surnom. Par tradition mais aussi pour préserver l'anonymat de chacun. René, c'était le « Chevalier blanc » pour ses imitations de Luis Mariano, une grande cape blanche jetée sur l'épaule. C'était un Biterrois avec le caractère jovial des gens de là-bas. Je n'ai pas le souvenir de l'avoir vu une seule fois de mauvaise humeur. René était un chef d'équipe adoré de ses camarades, qu'il savait protéger dans toutes les circonstances de la vie.

Le 18 avril 1996, une cérémonie est organisée autour du corps du capitaine René Canto à l'aéroport de Campo Dell'Orro, avant le départ de sa dépouille pour l'aéroport de Villacoublay où attendent sa famille et le ministre de l'Intérieur Jean-Louis Debré. Les autorités civiles et militaires sont là. Le préfet de Corse est un certain Claude Érignac. Il y a aussi le préfet de police Gérard Bougrier, le directeur général de la police nationale Claude Guéant, le procureur général Jean-Pierre Couturier, ainsi que Robert Broussard, créateur du RAID, et Nicolas Alfonsi, premier vice-président de l'Assemblée de Corse, venu représenter le président Jean-Paul de Rocca-Serra.

Le cercueil de René est recouvert d'un drapeau bleu, blanc, rouge. Sonnerie aux morts, *Marseillaise*... discours. Ce jour-là, la rage des hommes du RAID est aussi pesante que leur chagrin en portant le cercueil du « Chevalier blanc » jusque dans le Transall de l'armée de l'air. On trouve temporairement une solution « diplomatique » pour calmer les esprits : le RAID est remplacé en Corse par des policiers de l'Office central de répression du banditisme (OCRB). L'enquête sur la mort de René Canto est confiée à la police judiciaire d'Ajaccio et à la 14e section du parquet de Paris dirigée par Irène Stolher, chargée de la lutte antiterroriste.

L'exécutif de la Cuncolta niera l'appartenance à son mouvement de Jean-Luc Orsoni et de Charles Santoni, tentant d'orienter l'enquête vers un acte de droit commun. À l'époque, la Cuncolta était pourtant l'interlocuteur privilégié du gouvernement dans ce qu'on nous présentait comme la recherche d'une solution pacifique au problème corse. Au moment de la mort de notre ami René, le FLNC-Canal historique venait de prolonger pour six mois sa trêve de la lutte armée, qui arrivait à expiration. Lors d'un point fait à la presse sur la fusillade, le préfet Érignac confirma qu'Orsoni et Santoni étaient des militants nationalistes. Leurs noms figuraient dans des rapports et procès-verbaux concernant plusieurs assassinats et tentatives d'homicide. Preuve qu'il est difficile de faire, en Corse, une quelconque distinction entre les mouvements de gangstérisme et les mouvements prétendus « nationalistes ».

René Canto a été élevé à titre posthume au grade de commissaire de police et fait chevalier de la Légion d'honneur par le président de la République Jacques Chirac sur proposition du ministre de l'Intérieur. Il repose dans le cimetière de Béziers.

Beaucoup ont gardé cette photo de René où il tient dans ses bras l'une des six petites filles qu'il a sortie de la salle de classe de la maternelle de Neuilly.

L'image a fait le tour du monde.

Paulo, qui avait réussi à abattre Orsoni et à neutraliser Santoni, reçoit régulièrement des menaces depuis 1996, jusque dans sa maison de campagne.

Loulou, qui conduisait la voiture, a gardé un fragment de balle dans la colonne vertébrale. Pour l'histoire, quinze jours avant d'être grièvement blessé à Ajaccio, il avait participé à l'opération de Roubaix où des islamistes s'étaient retranchés dans une maison. Au moment de l'assaut, il s'était retrouvé coincé à l'intérieur avec les terroristes et avait miraculeusement réussi à s'arracher à cet enfer. Armés de kalachnikovs, les types avaient ensuite résisté pendant six heures. Plusieurs milliers de cartouches avaient été tirées dans les échanges de coups de feu avec le RAID.

En quinze jours, Loulou aura filé deux fois entre les doigts de la mort.

Aujourd'hui, il est aux renseignements généraux (RG) dans l'Ouest.

Dans une tribune parue dans le journal *Libération* le vendredi 13 février 1998, après l'assassinat du préfet Érignac[1], François Canto, le père de René, s'exprimait ainsi :

« Au-delà de la peine et du désarroi, je ressens un sentiment de colère, de révolte et de dégoût quand je pense aux circonstances qui ont provoqué ce drame [l'assassinat du préfet Érignac]. Le respect des principes de la République exige que ceux de ses serviteurs qui prennent le plus grand risque ne soient exposés que pour des missions indiscutablement liées à l'intérêt public et dans des conditions maîtrisées, ce qui n'a pas été le cas (c'est un ministre qui l'a écrit).

« Il a fallu qu'un représentant de l'État soit abattu pour que la classe politique dans son ensemble réagisse vigoureusement, avec beaucoup d'hypocrisie, et que des mesures de fermeté soient prises. Jusque-là, quand il s'agissait de

1. Claude Érignac a été assassiné le 6 février 1998.

policiers ou de simples citoyens, c'était banalisé. Les autorités responsables de la sécurité se sont toutes fourvoyées dans des négociations, des compromissions avec des organisations terroristes de type mafieux. Quand on voit aujourd'hui ces responsables s'indigner à la télévision de ce qui s'est passé, je pense qu'ils devraient faire preuve d'un peu d'humilité, avoir honte et reconnaître qu'ils ont été incapables de faire respecter la loi.

« Il faut se souvenir de la pantalonnade de Tralonca et de la complicité des autorités, ainsi que de la tentative d'attentat du golf de Sperone en 1994 où, sur l'intervention du RAID présent ce jour-là, les terroristes ont tiré sur les policiers ; il y a eu quatorze arrestations et, au bout de quelques jours, tout ce petit monde a été libéré et aucune poursuite engagée. C'est honteux et scandaleux. Les ministres de l'Intérieur de l'époque se reconnaîtront.

« Messieurs les politiques, vous êtes en grande partie responsables de ce qui est arrivé. Aujourd'hui, je pense à cette famille éprouvée par ce terrible drame et je tiens à lui exprimer toute ma sympathie. Je pense aussi beaucoup à mon fils en revivant cette tragédie.

« En ce qui me concerne, j'ose espérer qu'un jour l'affaire concernant la mort de mon fils sera jugée et que la justice condamnera fermement les coupables et les responsables. »

14 janvier 1986, le ratage de la rue du Docteur-Blanche

J'ai connu Jean Vrindts à la BRI. C'était un policier courageux et un garçon fidèle en amitié. Nous avions moins de 30 ans et rien ne pouvait nous arriver.

Nous le pensions, en tout cas.

Nous faisons équipe, lui et moi, pour la première fois, sur des braqueurs en 1985. La BRI a décroché un tuyau sur un coup que préparent deux frères, les Chekir, et un nommé Bennamar.

Spécialistes du vol à main armée, les trois malfaiteurs utilisent deux voitures volées pour « monter » sur les coups, des véhicules qui ne servent qu'à cela et qu'ils stationnent le long du boulevard périphérique, du côté de la porte d'Italie, dans le XIIIe arrondissement. L'équipe est placée sur écoutes téléphoniques et nous nous attendons à une opération imminente de leur part, mais, à l'époque, la BRI est également chargée d'assurer les contre-filatures de tous les convois de transfert des détenus d'Action directe. La mission consiste à suivre les convois à distance pour empêcher une opération commando d'Action directe pour délivrer ses prisonniers.

Ce jour-là, la BRI est mobilisée pour une contre-filature depuis la maison d'arrêt de Fleury-Mérogis jusqu'au Palais de Justice où doit être présenté un membre d'AD, et nous sommes contraints de relâcher la surveillance de Bennamar et des Chekir. Loïc Janot, notre chef de groupe, décide pourtant de laisser une « borgnotte[1] » devant le domicile de Bennamar. En fait, nous sommes plutôt tranquilles du côté des trois malfaiteurs car l'une de leurs deux voitures stationnées le long du périphérique vient de « disparaître ». Nous le savons grâce aux « zonzons[2] » : les Chekir ont appelé Bennamar pour lui dire qu'on leur avait « piqué » une voiture et qu'il ne leur restait que « la Renault 30 » ! Nous allons vite découvrir qu'en réalité le

1. Une surveillance policière.
2. Les écoutes téléphoniques.

vrai propriétaire, prévenu par son fils qui a remarqué la voiture en passant par hasard le long du boulevard périphérique, a tout simplement récupéré son bien avec son double de clés. Il a aussi prévenu un commissariat de police parisien en découvrant, dans le coffre de sa voiture, tout un tas d'armes et de munitions.

Nous sommes également rassurés sur l'emploi du temps des braqueurs car Bennamar, dont la femme est enceinte comme nous avons pu le constater lors des surveillances, a téléphoné aux Chekir pour leur dire qu'il ne pourrait pas les voir car il doit se rendre à la Sécurité sociale pour remplir des documents relatifs à la naissance toute proche de son enfant. Inutile alors de perdre notre temps à les suivre.

Reste donc uniquement, par précaution, la petite borgnotte : ce sont deux collègues, Patrick et Toutou, qui s'y collent depuis une chambre d'hôpital située en face de l'immeuble du couple Bennamar.

Nos deux camarades policiers sont là depuis le tout début de la matinée lorsque, vers 10 heures, nous entendons un appel d'urgence sur les ondes. Bennamar vient de sortir de son immeuble et attend sur le trottoir. Il porte une perruque, des lunettes de soleil, un imperméable, des gants, et tient en main un attaché-case. Il est « chanstiqué[1] ».

Aussitôt, toutes les voitures chargées de la contre-filature font demi-tour et repartent vers Paris et le domicile de Bennamar.

Je suis avec Patrick à bord d'une camionnette de livraison banalisée et nous nous garons en stationnement dans une rue toute proche, radio en veille.

1. « Chanstiqué » signifie déguisé, grimé, maquillé.

Les Chekir arrivent dans une Renault 30 verte. Bennamar monte avec eux et la filature commence. Les malfaiteurs ont derrière eux cinq voitures de la BRI. Nous comprenons vite que nous avons affaire à des garçons futés qui nous ont roulés dans la farine avec cette histoire de « rendez-vous à la Sécurité sociale » et qui continuent à s'entourer d'un maximum de précautions. L'un des Chekir est au volant, Bennamar est passager avant et le second Chekir est assis à l'arrière.

Nous passons tout de suite un appel au « 36 » pour que d'autres collègues viennent nous rejoindre au fur et à mesure de nos déplacements que nous communiquerons sur les ondes.

Dès le premier rond-point, le conducteur de la Renault 30 fait quatre tours pour s'assurer qu'il n'est pas suivi. Derrière, chacun de nous part dans une direction différente. La filature ne sera pas facile.

L'une des voitures réussit à retrouver la Renault et nous communique sa position. Ça part vers l'ouest de Paris. Nous les récupérons et nous plaçons juste derrière eux. Une dizaine de véhicules sont arrêtés devant nous au feu tricolore. Dès que celui-ci passe au vert, Chekir déboîte brusquement de la file, double tout le monde et disparaît. Impossible d'en faire autant sans être repéré. Nous lâchons deux « piétons », des collègues jusqu'alors couchés sur les banquettes arrière, qui cavalent sur le trottoir jusqu'au feu. L'un d'eux arrive à l'angle de la rue juste à temps pour repérer la direction prise par la Renault. Nous récupérons les piétons au passage et tout le monde repart.

Nous les avons remontés et le conducteur nous refait le même coup. Cette fois-ci, nos piétons n'ont pas été assez rapides. Chaque voiture de police part dans une direction différente pour tenter de les retrouver. C'est mon jour de chance. Je repère la Renault. Nous sommes maintenant dans les rues de Saint-Cloud, très loin derrière. Ils s'arrêtent à un feu... vert. Je stationne pour observer et je les vois repartir au moment où le feu passe au rouge. À l'arrière, je remarque le frère Chekir, retourné, les coudes posés sur la plage arrière.

Nous entrons dans Vaucresson. Des murs en meulière bordent les rues comme des remparts. Le reste de l'équipe fait mouvement vers nous. Loïc et Jojo passent devant et reprennent la filature. La Renault remonte vers le centre-ville et ralentit dans un secteur commerçant. Il est presque midi. Une dizaine de voitures de police banalisées sont maintenant sur place, stationnées dans le quartier. La Renault verte est garée entre deux banques avec un homme au volant. Sur le trottoir opposé, Bennamar et l'un des Chekir remontent la rue et rentrent dans l'agence de la Société Générale. Les voitures de la BRI sont tout autour. Deux de nos piétons, Jojo et Patrick, arpentent la rue, mais la consigne est de ne rien tenter « à chaud ». Nous suivrons et interpellerons plus loin pour éviter une fusillade en pleine rue.

Ils sortent de l'agence. La Renault avance pour les récupérer. Jojo et Patrick sont à quelques mètres. Bennamar et Chekir s'engouffrent dans la voiture lorsque retentit une alarme et qu'un véhicule de gendarmerie vient s'arrêter juste derrière eux. J'ignore toujours par quel miracle les événements n'ont pas dégénéré à ce moment-là.

Les trois braqueurs gardent leur calme, nous aussi, et les gendarmes descendent tranquillement de voiture. L'alarme qui vient de se déclencher n'est pas celle de la banque et la gendarmerie semble être arrivée simplement par hasard.

Quelques centaines de mètres plus loin, à un feu tricolore, Loïc donne l'ordre d'interpeller et me demande de bloquer leur voiture pendant que les collègues de la BRI bondiront aux portières de la R 30. Je passe sur leur droite. Bennamar a baissé sa vitre. À gauche, côté conducteur, il y a un autre véhicule de la brigade conduit par Jean Vrindts. Nous leur tombons dessus mais j'ai mal fermé la tenaille et ils tentent de « s'arracher » en fonçant sur nous. Jean a le bon réflexe et tire dans leur pneu avant gauche, qui explose dans un claquement sec.

Je suis sorti côté droit. Ça va très vite. Mon regard s'est arrêté sur le Colt « Diamond Black », un 38 Special, que Bennamar est en train de sortir de sa ceinture. J'ai déjà mon Colt Government en 45 ACP braqué sur lui... Je suis à mi-course de la queue de détente. Un souffle et le coup part. À peine quelques centaines de grammes de pression.

Je ne sais pas si nous nous sommes vraiment regardés, mais Bennamar relève sa main qui allait sortir le « DB » et la pose doucement sur le tableau de bord.

De l'autre côté, Jean Vrindts a déjà extirpé le conducteur. Nous les allongeons face contre terre et leur passons les menottes. Dans leur voiture, il y a des armes, des grenades et l'attaché-case de Bennamar rempli à craquer de l'argent qu'ils viennent de voler à la banque. Il y a aussi la caméra de surveillance de la Société Générale qu'ils ont emportée.

Le temps et cette première opération ont scellé notre amitié. Nous avons souvent travaillé ensemble par la suite.

LE H.U du C.L 39 Rue du Dr Blanche n'as pas été traité par le RAID. Boulanger n'était pas là et en+ la relation des faits est fausse. son hommage au ripoux Vrindts est déplacé.

Jean est mort en janvier 1986, lors d'une intervention sur un hold-up à Paris. Il avait 33 ans, une femme et un enfant. Il était encore enquêteur à la brigade antigang.

C'était le 14 janvier. Ce jour-là, à 15 h 20, un système d'alarme se déclenche à la centrale de sécurité du Crédit Lyonnais à laquelle sont reliées toutes les agences parisiennes. La sonnerie s'est mise en marche sous les coups de marteau d'une équipe de malfaiteurs enfermés dans le sous-sol de l'agence du 39, rue du Docteur-Blanche, dans le XVIe arrondissement, où ils défoncent les coffres depuis trois quarts d'heure. Après avoir téléphoné deux fois à l'agence sans obtenir de réponse, la centrale de sécurité prévient la police.

Quinze minutes plus tard, l'antigang et la brigade de répression du banditisme (BRB) sont sur place et s'installent autour de la banque.

À 16 h 15, trois des gangsters sortent de l'établissement et montent dans une Renault 4 et une Volkswagen. Les collègues du 36 s'apprêtent à les prendre discrètement en filature mais les malfaiteurs opèrent une manœuvre inattendue : ils font le tour du bloc d'immeubles et reviennent devant la banque pour prendre des complices restés à l'intérieur. C'est là qu'ils tombent sur l'arrière du dispositif policier, composé des voitures des commissaires. Il y a Raymond Mertz, patron de la BRB, Claude Cancès, qui dirige la BRI, et le commissaire Birot. Mertz s'avance pour interpeller le conducteur de la Renault 4[1]. Le gangster assis au volant sort son pistolet. Mertz tire et blesse le gangster qui réussit quand même à s'enfuir. Les coups de feu ont

1. Son initiative personnelle d'intervenir déclenchera, par la suite, une vive polémique. L'histoire a été scénarisée dans le film *36, quai des Orfèvres*, d'Olivier Marchal.

Vrindts a pris 3 bastos - 2 du calibre de Bruno Berliner - la 3° sort d'un soufflant de la Police. certainement de l'arme de Mertz.

alerté les autres malfaiteurs, une équipe de braqueurs extrêmement dangereux appartenant au « gang de la banlieue sud » et armés comme des porte-avions. Une fusillade digne d'un western éclate en pleine rue. Jean Vrindts est touché à mort. Un gangster est tué. C'est Bruno Berliner, 29 ans, une pointure du milieu. Celui qu'a blessé le commissaire Mertz s'enfuit avec un complice, indemne, dans une voiture de police en prenant deux inspecteurs, Ullmer et Roland, en otages jusqu'à Neuilly-sur-Seine. Profitant d'un ralentissement de circulation, les deux policiers s'enfuient sous le feu des malfaiteurs qui blessent grièvement l'inspecteur Roland à l'artère fémorale. Un quatrième gangster a disparu en « aspergeant » la rue pour couvrir sa fuite. C'est un désastre. Une précipitation impardonnable et la plus mal menée des interventions policières. Jamais Jean n'aurait dû mourir sur ce bout de trottoir parisien. Jamais.

Il est parti, avec le grade d'inspecteur, au son de la *Marche funèbre* de Chopin dans la cour de la préfecture de police, entouré de sa famille, de ses amis et de centaines de collègues. C'était le vendredi 17 janvier à 9 h 30 devant un parterre d'autorités : le préfet de police Guy Fougier, le maire de Paris Jacques Chirac, le directeur de cabinet du ministre de l'Intérieur Pierre Roussely, le directeur général de la police nationale Pierre Verbrugghe et le patron de la police judiciaire Pierre Touraine. Le ministre de l'Intérieur, Pierre Joxe, était en voyage dans le Pacifique.

Tous ont défilé devant la veuve de Jean et sa famille pour leur présenter leurs condoléances. Claude Cancès, le patron de la BRI, a lu l'ordre du jour consacré à « Jean Vrindts, un grand policier, qui a sacrifié sa vie pour la défense de la sécurité publique. Un sacrifice qui sert d'exemple à notre nation ».

Le préfet de police a épinglé sur le cercueil drapé de tricolore la médaille d'or des actes de courage et de dévouement ainsi que la médaille d'honneur de la police française. Jacques Chirac lui a décerné la grande médaille de vermeil de la Ville de Paris.

À 10 heures, tout était terminé.

Jean est inhumé à Yerres, dans l'Essonne.

Au même moment, l'un des trois malfaiteurs en fuite est arrêté par la police devant son domicile de Bagnolet, en Seine-Saint-Denis. Chauffeur-livreur dans une entreprise de banlieue, Serge Hernoult, 37 ans, un petit homme brun sans charisme, est inculpé d'« assassinat, tentatives d'assassinat, association de malfaiteurs, arrestations et séquestrations illégales de personnes, vol qualifié, recel de vol, usage de faux documents administratifs et infraction à la législation sur les armes et munitions ». Reconnu formellement par l'inspecteur Ullmer qui a eu largement le temps de le « photographier » après avoir été pris en otage, Hernoult nie pourtant toute participation à l'attaque de la banque et déclare au juge Claude Grellier :

— Je me trouvais à mon travail à ce moment-là !

NOUNOURS a été aquité pour ces faits.

L'homme blessé par le commissaire Mertz est interpellé peu après. Il s'appelle Robert Marguery, il est fiché au grand banditisme et signalé comme « extrêmement dangereux ». Marguery avait déjà blessé un inspecteur de police en novembre 1985 lors d'une opération de police dans un hôtel luxueux du quartier Beaugrenelle, dans le XVe arrondissement. En compagnie d'un complice, il avait surpris des policiers en planque au vingt-septième étage devant la suite louée par un troisième gangster, Michel Chalaoui.

Pris à revers, l'inspecteur Henri-Vidal avait été atteint de deux balles dans le dos.

Le matin de l'attaque du Crédit Lyonnais, nous apprendrons que la même équipe avait réussi un casse en douceur dans une autre banque parisienne, la Société Générale du boulevard Gouvion-Saint-Cyr, dans le XVIIe arrondissement, en ouvrant sans difficulté vingt et un coffres appartenant à des particuliers. Dès le début de l'après-midi, alors que les cinq hommes déjeunaient tranquillement en décidant de mener une nouvelle opération dans les heures suivantes, la BRB disposait déjà d'un signalement précis des malfrats et savait qu'ils faisaient tous partie du tristement célèbre « gang des postiches ».

Deux polémiques vont suivre la mort de Jean Vrindts. Tout d'abord, une semaine après la fusillade qui a coûté la vie à Jean, le ministre de l'Intérieur reçoit séparément le secrétaire général du Syndicat des commissaires et hauts fonctionnaires de la police nationale (SCHFPN), Robert Naud, et Gérard Munaut, secrétaire général du Syndicat national autonome des policiers en civil (SNAPC). Pierre Joxe veut s'entretenir avec eux du malaise provoqué au sein de la police judiciaire parisienne par le scénario de l'intervention des policiers dans l'affaire de la rue du Docteur-Blanche, car de nombreux inspecteurs de la BRI et de la BRB dénoncent des « erreurs de commandement » dans cette opération et mettent en cause leurs chefs, le commissaire Claude Cancès pour la BRI et, surtout, le commissaire Raymond Mertz pour la BRB, soupçonné d'avoir agi en dépit du bon sens. Face à ces accusations, la direction de la PJ et les commissaires du 36, soutenus par leur syndicat, renvoient la balle dans le camp de leurs subordonnés en dénonçant leur « manque de réaction face aux truands » et font remarquer que seul l'inspecteur Vrindts est venu épauler ses chefs aux prises avec les gangsters.

Dans un souci commun d'apaisement, ni le ministre de l'Intérieur ni les représentants des syndicats ne commenteront ces rendez-vous. Pourtant le manque de coordination entre les services de police était partout remarqué depuis quelque temps déjà. Une dizaine de jours avant l'affaire de la rue du Docteur-Blanche, nous avions été appelés sur ce qui avait été baptisé par la direction de la police judiciaire une « opération ballon » : en cas de tentative de hold-up par les postiches, la BRI et la BRB se rendaient sur place ensemble. Nous avions été « déclenchés » sur une attaque de banque. Ce fut une fausse alerte. J'étais avec Jean dans la voiture lorsque nous avons vu arriver des collègues de tous les services. Il y avait des gars de la BRB mais aussi de la brigade territoriale et du commissariat local. Des collègues que nous ne connaissions pas, déambulant parfois avec leur arme à la main et sans aucune organisation. Jean et moi avions alerté le commissaire Cancès en lui disant qu'il faudrait modifier notre façon de faire car nous risquions une erreur d'appréciation et une fusillade entre collègues. Nous avions raison. Quelques jours plus tard, c'était le drame de la rue du Docteur-Blanche.

Une autre rumeur nauséabonde éclate au lendemain de la mort de Jean quand quelques médias évoquent une enquête de l'IGS le mettant en cause. Selon ces organes de presse, l'Inspection générale des services l'aurait soupçonné d'avoir fourni à des malfaiteurs des renseignements sur les plans destinés à faire échec aux agressions contre les banques et d'avoir eu des liens avec trois policiers « ripoux » arrêtés pour leur participation au braquage d'une bijouterie boulevard Raspail le 25 juillet 1985. Il faudra que le préfet de police de Paris, Guy Fougier, se « porte caution » pour Jean Vrindts et démente catégoriquement ces divagations pour que cesse le délire médiatique.

FAUX, FAUX, et Archi FAUX. VRINDTS était un réel Ripoux. C.f Patricia TOURANCHEAUX : "le G des Postiches" Fayard. 1 G des années 80

+ Michel NAUDY et Pascal JUMEL (le flic) "Le Cercle noir, confession d'1 policier braqueur" Stock

Chapitre VII

QUE SONT DEVENUS MES COLLÈGUES DE NEUILLY ?

Louis Bayon. « Patron ». Dans la police, on appelle toujours le commissaire patron. Le chef du RAID, Louis Bayon, était un vrai « patron ». Quelqu'un que l'on aimait, que l'on respectait et que l'on admirait parce qu'il était le chef légitime, parfaitement dans son rôle et à sa place. C'était un homme qui parlait avec respect à ses hommes.

Breton, peu expansif et n'appartenant à aucun clan ni à aucune obédience, il avait de sa fonction une vision conforme à ce qu'on lui demandait. Ancien rugbyman au physique de talonneur, il dirigeait « ses » policiers dans les missions les plus périlleuses avec efficacité et professionnalisme, sans se soucier de savoir si cela serait utile à son plan de carrière. Personne ne l'a vu une seule fois chercher où se trouvait la caméra de télévision pour jouer le Highlander de la police française. Sobre, compétent, digne et discret, il a toujours décliné gentiment toutes les occasions de s'exprimer.

Louis Bayon aimait ses hommes quel que soit leur grade. Sa manière naturelle de montrer qu'il était bien avec eux s'exprimait traditionnellement, après une opération, par un repas pris en commun... qu'il offrait toujours. Son plaisir : être parmi nous et avec nous. Jamais une crise d'autorité ou le moindre signe de mépris. Il était écouté et suivi en toutes circonstances simplement parce que sa façon de nous gérer était emplie de sincérité, de justice et d'affection pour chacun d'entre nous.

Toujours présent au service, il savait déléguer et faire confiance à chacun de ses hommes. Lorsque nous hésitions sur une méthode d'intervention, je me souviens l'avoir entendu plusieurs fois me dire : « Daniel, vous connaissez votre travail... Je vous fais confiance. » C'était simple mais stimulant, et chacun restait à sa place.

De mémoire, c'est sous sa direction que le RAID a réalisé les plus nombreuses mais aussi les plus importantes affaires de son histoire : la prise d'otages de la maternelle de Neuilly, l'arrestation du chef historique d'ETA militaire, l'interpellation des auteurs de l'attentat du golf de Sperone en flagrant délit, l'opération contre les islamistes de Roubaix, les arrestations de terroristes islamistes auteurs des attentats de Paris, l'interpellation en Corse de nationalistes qui s'est soldée par la mort de René Canto, les blessures de Loulou et les menaces contre Paulo. Suite à cette dernière affaire, l'administration a décidé sa mutation, considérant qu'en tant que chef du RAID, il était responsable.

Pour nous tous, Louis Bayon a été injustement sanctionné. Il reste l'un des plus grands patrons du RAID et il est dans le cœur de tous ceux qui, comme moi, ont travaillé avec lui.

Il s'occupe aujourd'hui de sécurité dans une grande entreprise basée dans les Hauts-de-Seine.

Jean-Claude Borel-Garin. « Adjoint », patron du RAID par intérim, il était complémentaire de Louis Bayon et apportait un côté novateur dans la modernisation de nos méthodes de travail et le matériel que nous utilisions. Très sportif et dynamique, il était proche de ses hommes et aimait partager avec eux des activités extra-professionnelles. D'un abord naturellement sympathique, il était capable d'un courage et d'un sang-froid dont on mesura vite l'étendue lors de son arrivée à Neuilly pour la prise d'otages de l'école maternelle.

C'est lui qui mit au point, avec Loïc Janot, la stratégie d'intervention dans la salle de classe de Neuilly. Sur une photo parue le samedi suivant, le 22 mai 1993, dans *Le Figaro Magazine*, on le voit parler, les yeux dans les yeux, avec le médecin-capitaine des pompiers Évelyne Lambert. Il lui explique comment va se dérouler l'intervention et ce qu'il attend d'elle.

Jean-Claude Borel-Garin est aujourd'hui, en 2007, directeur départemental de la sécurité publique (DDSP) de Grenoble. C'est l'un des commissaires avec lesquels j'ai eu le plus de plaisir à travailler. Pour moi, Louis Bayon et lui ont constitué le meilleur « duo » que le RAID ait eu à sa tête. Ils avaient pour principe de ne jamais être absents du service en même temps. Toujours proches de nous, ils étaient aussi exigeants et rigoureux avec eux-mêmes qu'ils l'étaient avec nous. Ni l'un ni l'autre n'ont jamais abusé des avantages liés à leur fonction. De leur temps, les puissantes voitures d'intervention du RAID restaient au garage pour… les interventions. Ni le patron ni son adjoint n'en ont jamais fait leurs véhicules de fonction, comme c'est devenu le cas, aujourd'hui, dans presque tous les services de police.

Il faut souhaiter pour la police et pour ses hommes que ce genre de commissaires continuent d'exister encore.

Loïc Janot. « Le professionnel ». Sosie renversant de Sean Connery, Loïc a fait toute sa carrière à la BRI et au RAID, où il était le chef opérationnel, le n° 3 du service. Pendant une vingtaine d'années, aucune des opérations du RAID ne s'est faite sans lui. C'est lui qui les a toutes dirigées sur le plan tactique. Il était impressionnant et j'ai appris, dès la BRI, qu'avec lui nous courions toujours le minimum de risques.

Je sais, pour l'avoir vécu avec lui, que quand des policiers se retrouvent face à des braqueurs hypertendus et armés jusqu'aux dents à la sortie d'une banque, très peu sont capables de raisonner sereinement. J'ai même connu des situations où les radios de certains « tombaient en panne » à cet instant précis avant de fonctionner de nouveau aussitôt après la fin de l'opération. Celle de Loïc a toujours émis et ses consignes arrivaient de manière parfaitement audible. Que l'interpellation se fasse quand la voiture que nous suivions était bloquée au feu rouge, que nous la laissions filer ou que nous attendions que les malfaiteurs arrivent à leur domicile pour intervenir, c'était toujours le bon choix et la bonne décision.

Il est le plus expérimenté et le plus compétent des spécialistes de l'intervention qu'ait connus le RAID et son départ à la retraite a été ressenti comme la fin d'une époque, mais surtout comme la disparition d'un « ange gardien » que personne ne remplacera jamais. Quand les situations ont dégénéré, il a toujours été capable de minimiser les dégâts. Il avait vécu son baptême du feu le jour de son arrivée à la BRI dans une fusillade face à Willoquet, l'ennemi public numéro un de l'époque. C'était peut-être un signe. Il racontait qu'il avait senti la chaleur des balles lui frôlant le visage. La police doit à cet homme-là une reconnaissance éternelle.

François Santini. « Le modèle ». Chef de la section d'intervention, François, dit « Fanfan », secondait parfaitement Loïc Janot. Lui aussi était de la BRI. L'un de mes plus anciens souvenirs avec lui remonte à vingt ans. C'est en 1987, le RAID est envoyé à la maison d'arrêt de Besançon où des mutins ont pris en otages une poignée de surveillants de l'administration pénitentiaire. Nous faisons équipe, Fanfan et moi. C'est l'époque des cavalcades sur les toits des prisons et des grandes mutineries. La révolte des prisonniers est à la mode dans les médias. Les journaux regorgent de témoignages et de commentaires sur l'ignominie des conditions de vie dans les maisons d'arrêt, centres de détention et autres centrales. Michel Vaujour s'est fait la belle un an plus tôt, le 26 mai 1986, de la prison de la Santé, suspendu à un hélicoptère piloté par sa femme Michèle. On relate plus la belle histoire d'amour que l'acte insensé. C'est l'époque où les intellectuels se portent caution pour un Roger Knobelspiess – dont la compagne, l'écrivain Marie Rivière, demande aux jurés de la cour d'assises de « ne pas en rajouter » –, qui va finalement les faire mentir tous en se faisant arrêter les armes à la main. Quelques mois auparavant, la centrale de Saint-Maur, dans l'Indre, a été entièrement détruite par près de trois cents prisonniers. Là encore, on embellit l'histoire en retenant cette version, divinement relatée à la une du *Monde* sous la plume de Philippe Boggio, selon laquelle tout a démarré après que l'on a abattu un arbre dans la cour de promenade.

C'est un peu vrai : en visitant les vestiges de la centrale, dès le lendemain de la mutinerie, le reporter a lu ce tag sur un mur : FAUT PAS COUPER LES ARBRES...

C'est dans ce contexte que nous arrivons à la maison d'arrêt de Besançon le 5 décembre 1987. Les mutins se sont retranchés, avec leurs otages, dans une partie de la prison qui donne sur les cours de promenade. Une équipe du RAID est entrée. Je suis à l'extérieur avec Fanfan et Lucien C., « Lulu ». On nous a postés là au cas où les forcenés tenteraient une sortie. J'ai zippé mon blouson de cuir jusqu'au dernier cran de la fermeture Éclair. Ce sont les débuts du RAID : on s'équipe avec son propre matériel !

Et j'attends.

Notre poste de commandement est un vieux break de l'administration fouetté par la pluie. Nous sortons à tour de rôle, en trottinant de porche en pas de porte pour surveiller l'arrière de la prison qui donne sur la cour de promenade. Selon nos collègues installés au chaud à l'intérieur, la prise d'otages se tient juste au-delà de ces murs. Nous sommes prêts à intervenir. La nuit est glaciale.

Dans la voiture, Fanfan trompe l'ennui en racontant des histoires à Lulu qui vient d'arriver au RAID. Je garde mon sérieux en faisant semblant de dormir. François est en train de lui expliquer que le patron du RAID a décidé d'envoyer l'un d'entre nous chez les mutins.

Je me suis toujours demandé comment pouvait faire Fanfan pour dire de pareilles âneries en restant impassible. Il est en train de dire à Lucien d'aller se trouver une tenue *sportswear* grâce à laquelle il va pouvoir se faire passer pour un nouveau détenu.

— Les mutins ont dû ouvrir la plupart des cellules... On te fait entrer et tu racontes qu'on t'a transféré hier d'une autre prison. Tu regardes ce qui se passe à l'intérieur et tu ressors pour nous donner des infos...Tu as le look pour faire ça et t'es super débrouillard !

L'attente plonge dans une nuit glaciale rythmée par les allers-retours des camarades qui viennent de la prison fouiller dans des sacs à l'arrière du break. Le haillon du coffre claque sans arrêt. Impossible de dormir et de garder un peu de chaleur dans la voiture. Aucune cantine n'a été prévue. Rien à manger et pas de café.

À l'aube, alors que l'assaut vient d'être décidé, nous découvrons que nous avons été bernés toute la nuit. La véritable raison de cet incessant va-et-vient n'était en rien ces prétextes invoqués par les gars qui prétendaient venir chercher armes, cartouches ou chargeurs de radio. En vérité, nos sympathiques collègues, se gardant bien de nous en faire profiter, venaient chercher des parts de tarte dans un sac !

Nous nous apprêtons à rouspéter, Fanfan et moi, lorsque Lucien arrive en tenue d'« intervention ». Lulu que nous avions complètement oublié. Il porte un jogging usagé et une vieille paire de baskets.

— Je suis prêt à entrer, dit-il à l'attention de Fanfan.

Éclat de rire général.

Cette fois-ci, la prise d'otages se termine bien. À l'intérieur, les gars de la prison acceptent finalement de négocier et de relâcher les surveillants. Nous pénétrons à l'intérieur du bâtiment, et là, nous nous apercevons que les mutins ont tellement bien barricadé les portes, de peur que nous ne tentions une entrée en force, qu'il leur aurait été totalement impossible de fuir par l'arrière. Nous avons passé la nuit dans le froid inutilement. Sur le chemin du retour, un collègue qui a été posté à l'intérieur de la prison nous achève :

— Qu'est-ce que j'ai mal dormi. Imaginez… J'étais contre le radiateur !

Fanfan a toujours été mon modèle. Celui à qui je voulais ressembler et que j'ai toujours admiré. C'est lui qui m'a initié et formé à la chute libre en parachute, à Royan. Une journée à m'expliquer, à m'instruire et à me faire répéter un geste plus simple en apparence que dans la réalité. Je l'entends encore me crier dans l'avion : « Pense à compter avant de tirer sur la poignée… » alors que je m'apprêtais à me lancer pour la première fois. J'ai seulement appliqué à la lettre les consignes qu'il m'avait données et tout s'est techniquement déroulé comme il me l'avait expliqué. Qu'il s'agisse d'escalader une falaise, de dévaler un torrent en kayak ou de se jeter dans le vide avec un parachute, si les consignes de l'instructeur sont claires, le risque de danger est réduit à son plus strict minimum.

Platon a dit que « le courage, c'est la sagesse appliquée au danger ». Cette maxime allait bien à Fanfan.

Lui aussi avait un palmarès impressionnant d'opérations périlleuses menées dans les rangs du RAID et de la BRI, depuis la prise d'otages à l'ambassade d'Irak de Paris jusqu'à la fusillade de Sperone en Corse.

Au RAID, le courage de François Santini est resté légendaire. Sa modestie aussi, de même que cette gentillesse qui confinait parfois à une naïveté de grand adolescent, à tel point qu'il fallait parfois lui rappeler qu'il n'avait pas à se mettre constamment à la disposition de chacun.

Sa présence rassurait naturellement et je sais, avec le recul, que Fanfan et Loïc ont été mes meilleurs soutiens dans les moments difficiles. L'« après-Neuilly » en fut un, quand on a voulu faire de moi le seul responsable de la mort d'Érick Schmitt.

Personnellement, je considère que le ministère de l'Intérieur ne leur a pas rendu l'hommage qu'il leur devait. Loïc comme Fanfan méritaient, plus que tous les autres, d'être nommés commissaires de police.

Vincent Gedeon. « Vince ». Discret et plein de charme, Vincent était, lui, le sosie de Bernard Giraudeau ! Longtemps spécialiste du renseignement aux RG où il était d'une redoutable efficacité, c'était un garçon peu expansif, solide et courageux. Spécialiste de tir toutes armes et tacticien de très haut niveau, il était tireur d'élite au RAID et faisait partie du groupe d'évacuation des enfants de l'école maternelle de Neuilly. Nous avions participé ensemble, aux États-Unis, au stage de Chuck Taylor à Prescott, et à Miami avec nos collègues américains du SWAT. Vince ne se déplaçait jamais sans arme. Après avoir dirigé avec passion et professionnalisme le groupe d'intervention de la police nationale (GIPN) de Rennes, il est reparti aux RG dans l'ouest de la France.

André Duquesnoy. Dédé. Un physique et une gueule à la Tom Selleck, le héros de la série américaine *Magnum*. Ancien champion de boxe française, il restera toujours mon « petit frère ». Quand nous sommes entrés tous les deux dans la salle de classe de la maternelle de Neuilly, je savais que j'avais à mes côtés l'un des meilleurs policiers que j'aie rencontrés dans ma carrière. Je savais que je pouvais compter sur lui et il a été à la hauteur de ce rendez-vous avec l'inconnu. Sans hésitation et avec une abnégation extraordinaire.

Son goût pour l'action l'a ensuite conduit pendant de nombreuses années auprès du président Jacques Chirac dont il avait rejoint l'équipe de protection rapprochée. De retour au RAID, il en a été l'un des meilleurs instructeurs et un « technicien » reconnu de l'intervention. Sa notoriété aurait pu faire de lui un donneur de leçons... Il a préféré rester humble en rejoignant anonymement le groupe intervention des forces de police internationales en Haïti. Rien à faire pour l'en dissuader : Dédé aime le danger.

Aujourd'hui, il reste dans l'action. À Beyrouth, il dirige le groupe de sécurité de l'ambassadeur de France. Il sait comme je l'aime. Dieu te garde, André.

Chapitre VIII

DU PREMIER AU DERNIER JOUR : TRENTE-DEUX ANS DANS LA POLICE

Débuts dans la police... une affaire de vélo !

Parvenu au terme de ma vie professionnelle, je me souviens toujours de mon premier jour dans la police.

J'ai passé le concours d'enquêteur, qui correspondait un peu au grade d'inspecteur adjoint. Nous n'avions que le droit de rédiger des rapports. Dans les faits, nous prenions beaucoup de procès-verbaux aux noms de collègues habilités qui se faisaient un plaisir de nous laisser opérer à leur place pendant que notre salaire restait, lui, conforme à nos attributions modestes.

J'avais vingt-trois ans. J'ai été affecté à la police judiciaire de la préfecture de police de Paris à ma demande. Avec quelques autres heureux élus, nous fûmes convoqués un matin au 36, quai des Orfèvres. Je précise que nous n'avions pas suivi les cours d'une école de police car « Beaujon », l'école de formation de la police, était si vétuste qu'elle s'écroulait. J'ai effectué un semblant de formation six mois plus tard dans un immeuble de dépannage, où la salle de gymnastique ressemblait à un appartement.

J'arrive donc un matin de février 1975 sous le porche du mythique quai des Orfèvres. J'avais vu cet endroit dans des films où jouait Gabin ou Louis Jouvet, et ce décor de cinéma devenait soudain mon bureau, « mon 36 ».

Nous sommes une quinzaine à attendre devant le « bureau administratif ». Appelés à tour de rôle, on nous remet les « ustensiles » liés à notre fonction : une « plaque » ronde avec l'inscription POLICE surmontée des emblèmes de la République française, que l'on fixe à la ceinture par une chaînette et qui se glisse dans la poche, un pistolet automatique « Unique » calibre 7,65 mm, de fabrication française, dans un holster d'épaule en Skaï marron identique à celui d'Eliot Ness dans *Les Incorruptibles*, et une poignée de dix cartouches... le tout sans aucune explication. Par chance, un collègue, ex-gardien de la paix nous fait une démonstration sur place pour nous montrer comment fonctionne l'arme.

L'instant magique arrive : notre affectation. Je rêve d'antigang ou de VP (voie publique, l'ancêtre de la brigade de répression du banditisme). Comment pourrait-il d'ailleurs en être autrement ? J'ai fait mon service militaire chez les parachutistes, je suis féru de sport. Ils ont forcément compris qui j'étais... On appelle par ordre alphabétique. Je suis le premier sur la liste.

— Boulanger ?

— Oui, c'est moi !

— À 14 heures... Commissariat des Invalides dans le VIIe !

— Ah ?

Je remarque les sourires amusés de mes collègues. Je serai vite « vengé » : nous sommes tous affectés en commissariat ! Personnellement, j'aurais préféré le XVIIIe pour avoir un peu d'action.

Dernière formalité au service anthropométrique de l'identité judiciaire où l'on relève nos empreintes et où l'on nous photographie de face et de profil avant de nous ficher.

À 14 heures précises, une charmante hôtesse m'accueille dans un petit commissariat, à proximité de l'Assemblée nationale, qui jouxte le siège du RPR. Le quartier est un peu calme à mon goût. Le seul intérêt des lieux est cette pâtisserie installée juste à côté où je vais vite prendre l'habitude d'aller croquer une polonaise en buvant un thé de Chine.

Un inspecteur principal me reçoit et me demande tout de suite si j'ai une arme.

— Oui, bien sûr !

— Alors, donne-la-moi !

Je lui remets le pistolet et son étui qu'il enferme dans un grand coffre-fort en me disant cette phrase que je n'oublierai jamais :

— Il vaut mieux la mettre là. Ce sera moins dangereux !

J'ai compris par la suite que la police est constamment tenaillée par ce paradoxe terrible : le ministère de l'Intérieur attribue une arme au fonctionnaire pour qu'il se protège et, dans le même temps, ses supérieurs vont tout mettre en œuvre pour que le fonctionnaire ne l'utilise jamais. Non par grandeur d'âme, mais uniquement parce que l'arme est une source d'ennuis pour les chefs qui doivent s'expliquer, se justifier et remplir des rapports lorsque l'un de leurs subordonnés fait usage de son arme de service.

Moi qui voulais montrer mon pistolet à mon père en rentrant à la maison ce soir-là, c'est raté !

Je suis assis en attendant l'arrivée du commissaire, mais on m'a prévenu qu'il arrivait tard car il a ses habitudes au Club des poètes, un établissement du quartier, ce qui l'oblige à se coucher à une heure avancée.

Une jeune femme entre dans le commissariat et demande à voir l'inspecteur principal. Elle lui explique qu'elle a déposé plainte il y a quelques jours pour le vol de son vélo et qu'en passant à l'instant près de l'entrée du métro, elle vient d'apercevoir sa bicyclette attachée à une grille. C'est donc son voleur qui l'utilise. Aussitôt, je vois le « principal » se tourner vers moi. Je viens d'être choisi pour ma première mission, une planque sur un vélo volé.

Nous partons tous les trois. La jeune fille nous désigne sa bicyclette, l'inspecteur me montre un banc et je m'installe avec les consignes :

— Dès que quelqu'un vient décrocher le vélo, tu l'interpelles et l'amènes au commissariat !

Et dire qu'il y a quelques heures encore, je n'étais qu'un « civil » comme ceux que je regarde déambuler devant moi. Me voilà maintenant policier et je suis en train de vivre une merveilleuse aventure.

Je fais mine de lire un journal. On ne m'a rien expliqué – ma seule référence à la police est cinématographique – mais j'imagine qu'il faut donner l'image d'un inoffensif personnage. Dois-je faire des trous dans le journal pour voir au travers ?

Dans ma tête, j'essaie d'imaginer l'interpellation. J'apprendrai plus tard que cela s'appelle la « visualisation mentale », mais pour l'instant j'improvise : dès que le voleur se penche vers l'antivol, je m'approche et je lui montre discrètement ma plaque de police que j'étrennerai pour l'occasion. Cette technique me vient également des films que j'ai vus. En principe l'individu est terrifié et se jette à mes pieds pour demander pardon.

Seulement voilà, il peut aussi refuser d'obtempérer. Et s'il sortait une arme alors que je n'ai plus la mienne ? Et si nous devons nous battre, comment vais-je faire, moi qui n'ai reçu aucune formation ? Je ne saurai pas comment l'immobiliser.

Deux heures plus tard, toujours personne. L'inspecteur principal est de retour avec la propriétaire. À l'aide d'un coupe-boulons, il cisaille l'antivol et la jeune femme repart avec sa bicyclette.

C'est ma première affaire.

Première mission au RAID... la ferme de Vitry-aux-Loges

C'est mon baptême d'arrivée au RAID. À l'époque, nous assurions un tour de rôle pour les permanences et nous avions des chambres sur place. Ce samedi-là, c'est ma première permanence. Nous sommes le 27 février 1987.

Je m'essaie au métier délicat de standardiste en tripotant les touches de la centrale d'appel. Un collègue téléphone de Normandie où il passe le week-end et m'occupe dix minutes en me parlant d'une embrouille qu'il a eue avec un autre automobiliste. Le patron du RAID, Ange Mancini, qui passait ses vacances à la montagne, arrive les deux bras en écharpe. Il doit être mauvais skieur car il s'est démis les deux épaules dans une chute. Il file vers son bureau en secouant la tête à défaut de pouvoir hausser les épaules. Puisque ses vacances sont fichues, il est passé faire un tour au service. Je me penche pour jeter un coup d'œil vers le parking, me demandant comment il a fait pour conduire, quand deux collègues débarquent au standard. L'après-midi est calme et ils veulent aller faire un tour au Salon de la moto. Je les charrie en leur disant qu'ils ne devraient pas quitter le service et que, si le patron est rentré plut tôt que prévu, c'est parce qu'une opération se prépare.

Ils ont renoncé à leur idée et regagné leurs chambres depuis un quart d'heure quand un appel arrive de la direction générale. On demande Mancini de toute urgence. J'ai bien fait de m'entraîner tout à l'heure. Je passe l'appel au patron sans couper la communication. Sacré Mancini... Mais comment fait-il pour téléphoner sans bras ?

J'en suis encore à m'en amuser quand le patron déboule au standard en me demandant d'« appeler tout le monde vite, vite, vite ! ». L'essentiel de l'information suit :

— On a localisé Action directe et on va les interpeller !

Je commence par héler mes deux passionnés de moto qui ont bien fait de suivre mes conseils. À trois, nous battons le rappel des troupes. Ange Mancini nous donne un argument massue pour les convaincre de rappliquer :

— Dites-leur qu'on leur paie l'essence !

J'ignore si cette promesse a vraiment convaincu, mais une équipe solide arrive rapidement à Bièvres. Nous chargeons les Renault Espace et filons par l'autoroute voisine, direction Bordeaux.

Arrivés à Tours, rendez-vous à la DDSP, la direction départementale de la sécurité publique de l'Indre, où nous attend une poignée de policiers dont une équipe de la direction centrale des renseignements généraux. Les RG nous expliquent que ce sont eux qui ont eu l'information et qu'ils planquent sur une ferme dans le village de Vitry-aux-Loges, où vit un couple qui pourrait correspondre à Jean-Marc Rouillan et Nathalie Ménigon, le leader historique d'Action directe et sa compagne. Nous apprenons qu'un homme et une femme les ont rejoints et qu'il pourrait s'agir de Georges Cipriani et de Joëlle Aubron, deux autres fondateurs du mouvement.

À l'époque, les photos des quatre d'Action directe sont épinglées dans tous les lieux publics de l'Hexagone, depuis le bureau de poste du Larzac jusqu'à l'aéroport de Roissy-Charles-de-Gaulle. Impossible de ne pas avoir entendu parler d'eux.

Action directe est une organisation clandestine aux influences anarchistes et communistes tirant son nom de la théorie politique libertaire de l'action directe. Le groupe, qui a revendiqué sa participation dans une cinquantaine d'attentats ou assassinats sur le territoire français entre 1979 et 1987, est interdit par un décret du 19 août 1982 qui a prononcé sa dissolution.

Action directe est le résultat de la fusion des GARI, les groupes d'action révolutionnaire internationalistes, et des NAPAP, les noyaux armés pour l'autonomie populaire, qui a abouti en 1977 à la création d'une « coordination politico-militaire » interne au mouvement autonome. En 1979, cette coordination se transforme en une guérilla qui revendique ses attentats sous le nom d'Action directe, pour la lutte contre l'impérialisme capitaliste, les symboles de l'État et le grand patronat. Les débuts des militants d'Action directe dans le terrorisme sont assez lamentables et se bornent à quelques façades brûlées par des bombes inefficaces. Plusieurs membres de l'organisation sont pourtant arrêtés et écroués.

À son arrivée au pouvoir en 1981, le nouveau président de la République socialiste, François Mitterrand, écoute ceux qui lui suggèrent une politique d'apaisement. Ses conseillers espèrent qu'un gouvernement de gauche sera mieux traité par les autonomistes. C'est finement joué et la grande majorité des militants renonce alors à la violence. Quelques-uns cependant choisissent de passer à la lutte armée : une branche parisienne et une branche lyonnaise. C'est l'époque de la grande internationale terroriste. En 1984, la branche parisienne d'Action directe communie dans la violence avec la fraction Armée rouge allemande au nom de l'unité des révolutionnaires d'Europe de l'Ouest. La branche lyonnaise se tourne vers les braquages de banques et les attentats contre des objectifs israéliens. Ce sont le hold-up de Caluire (29 octobre 1980), au cours duquel un convoyeur de fonds est tué, les attaques contre les ministères, la Sonacotra, des bâtiments de l'armée française, la mission commerciale de l'ambassade d'Israël (31 mars 1982) ; l'exécution (13 mars 1982) de Gabriel Chahine, membre des GARI et indicateur de police, qui avait permis la première arrestation de Jean-Marc Rouillan et Nathalie Ménigon en 1980 ; l'assassinat de deux policiers (un troisième étant grièvement blessé) lors d'une fusillade avenue Trudaine à Paris (31 mai 1983) ; le hold-up de la place Victor-Hugo à Lyon (27 mars 1984), au cours duquel le général de gendarmerie Guy Delfosse est tué en tentant de s'interposer ; l'assassinat du général Audran (25 janvier 1985), responsable des ventes d'armes de l'État français à l'étranger ; les tentatives d'assassinat ratées contre le contrôleur général des armées Henri Blandin (1985) et le vice-président du CNPF Guy Brana (1986) ; l'attentat à la bombe (9 juillet 1986) à Paris contre les locaux de la

Barbouze d'extrême droite.

brigade de répression du banditisme, au cours duquel est tué l'inspecteur Marcel Basdevant ; et l'assassinat de Georges Besse (17 novembre 1986), devant son domicile parisien du XIVe arrondissement. Georges Besse, abattu parce qu'il était le patron de la Régie nationale des usines Renault (RNUR), entreprise à vocation internationale, mais aussi parce qu'il dirigeait l'entreprise dans laquelle un vigile, Jean-Antoine Tramoni, avait tué Pierre Overney, un militant maoïste de la gauche prolétarienne, le 25 février 1972[1].

Le briefing commence. Sur un grand tableau, les gars des RG nous dessinent les lieux et nous expliquent la configuration de l'endroit. Ils ont même réussi à prendre quelques photos, de très loin, qui nous donnent une idée de la difficulté d'approcher cette bâtisse située en rase campagne. À nous maintenant de contourner cet obstacle et d'établir une stratégie d'approche et d'intervention.

D'abord, il y aura plusieurs équipes. L'une va prendre l'entrée principale, une porte de ferme composée de carreaux de verre, donnant sur la pièce principale, et une seconde entrera par une autre partie de la ferme, où se trouvent les chambres. Je suis dans la deuxième équipe, qui sera dirigée par Christian Caron, dit Kiki.

La seule solution est d'attendre la tombée de la nuit pour approcher sans être vus. Tout ira très vite. Nous sommes au mois de février. À 20 heures, il fait nuit noire et nous nous posons dans la campagne à proximité de notre objectif. Il fait un froid cinglant. Direction la ferme, à pied et à travers champs. Déjà, à l'époque, le RAID est une

1. En représailles pour avoir tué Pierre Overney, le vigile Jean-Antoine Tramoni sera assassiné le 23 mars 1977 par les NAPAP.

formidable organisation d'intervention. Personne ne parle. Nous savons tous que le silence est la règle. Au fur et à mesure de notre approche, des snipers quittent le groupe pour se poster en couverture au sol sur les portes et les fenêtres de la maison. Encore un petit cours d'eau – glacial pour ceux qui manquent de ressort – à passer. On laisse quelques gars pour éviter une fuite par l'arrière. Au total, une vingtaine d'hommes de chez nous, renforcés par des gars de la police judiciaire et des renseignements généraux, assurent ce grand bouclage extérieur.

Nous sommes seuls maintenant. Dix hommes en tout qui évitent le halo de lumière renvoyé par les fenêtres éclairées. Nous ne distinguons pas encore l'intérieur des pièces. Ange Mancini est avec nous, courant comme il peut avec ses deux bras bandés.

Ça y est, nous y sommes. L'équipe qui va prendre la porte principale aperçoit des personnes à l'intérieur, assises autour d'une table. Nombre indéterminé.

Mancini a oublié sa douleur et donne l'ordre de l'assaut à la radio. J'imagine la stupeur des occupants des lieux entendant soudain le premier coup dans la porte vitrée.

C'est incroyable, la masse a rebondi contre un double vitrage. La deuxième tentative échoue également. Pendant ce temps, nous nous sommes aperçus qu'il n'y avait personne dans les pièces par lesquelles nous devions pénétrer et nous rejoignons le groupe à l'entrée. La première décharge d'arme automatique fait une flamme devant nous et découpe la serrure de la porte. Nous déboulons à l'intérieur.

Dans la pièce principale, quatre personnes refluent vers l'escalier qui mène à une mezzanine. Nous savons maintenant avec certitude que ce sont bien nos clients.

Ça va très vite. Georges Cipriani, Nathalie Ménigon et Joëlle Aubron disparaissent déjà dans le couloir qui mène aux chambres. Jean-Marc Rouillan couvre la fuite de ses compagnons. Il a sorti un Colt 45 mais j'ai déjà pointé le désignateur laser de mon fusil à pompe, un « Remington 870 », sur sa poitrine. Je le vise au bas de l'escalier. Nous nous regardons et je le suis, le point rouge du laser fixé sur sa poitrine en montant l'escalier. Je lui crie de ne pas bouger et de se coucher sur le ventre. Il obéit au moment où d'autres collègues le dépassent et foncent vers les chambres. Les deux femmes sont maîtrisées et Cipriani bloqué au sol alors qu'il arrive à la porte d'une chambre. À deux mètres de sa main tendue, il y a un matelas posé sur le parquet et, sous le matelas, un fusil d'assaut belge FAL.

En face de Nathalie Ménigon, dans la chambre qu'elle essayait de rejoindre, nous allons découvrir son sac à main dans lequel se trouve une grenade.

Les quatre leaders historiques d'Action directe viennent d'être interpellés. L'affaire fera grand bruit. Il est bientôt 21 heures.

Nous faisons une visite de contrôle des lieux. L'intérieur est celui d'une jolie maison de campagne. Les activistes d'AD se sont embourgeoisés comme des citadins venant passer là leurs fins de semaine. Il y a des meubles, une grande table de ferme et des bibelots. C'est propre et correct. Il y a aussi un revolver « Smith & Wesson » 38 Special, un pistolet-mitrailleur, trois « Colt 45 » calibre 11,43, un revolver 357 Magnum et un autre pistolet automatique.

Face contre terre, menotté dans le dos, Rouillan se plaint d'avoir mal aux fesses. Le chef historique d'Action directe a reçu un ricochet provoqué par l'une des balles qui l'Amalgame classique entre soldats revolutionnaires et nazis.

a fait éclater la serrure de la porte d'entrée. Vérification faite, il a un bel hématome.

Je les regarde tous les quatre, penauds, alignés comme une brochette de mauvais élèves. Leur silence va durer quelques minutes avant qu'ils ne deviennent arrogants. C'est un réflexe humain que nous connaissons bien. À la frayeur succède souvent la rage d'avoir montré sa peur. Nous saurons plus tard que les quatre d'Action directe nous avaient pris pour une équipe venue les éliminer et que, ce 27 février 1987, ils avaient vu leur dernier jour arriver. Je me souviens avoir lu quelque part qu'une autre crapule, le milicien Paul Touvier, avait eu la même réaction lorsque le colonel Jean-Louis Recordon, commandant la section de recherche de la gendarmerie de Paris, l'avait surpris le 24 mai 1989, en pyjama, à 7 heures du matin, la brosse à dents à la main, dans un monastère de Nice où il s'était caché. L'ancien chef du deuxième bureau de la milice de Lyon avait failli faire un malaise, pensant que de faux gendarmes venaient là pour l'abattre. Et il avait aussitôt retrouvé sa superbe en réalisant qu'il avait échappé à une exécution sommaire.

Ainsi, ceux d'Action directe s'indignent maintenant de leur interpellation alors que nous les ramenons à la PJ de Versailles où ils vont être entendus par nos collègues et par le juge Vuillemin chargé d'instruire le dossier de l'assassinat du général Audran, exécuté le 25 février 1985 de huit balles de 11,43 devant son domicile de La Celle-Saint-Cloud (Yvelines).

Dans le convoi qui nous emmène vers le service régional de police judiciaire (SRPJ) où nous avons mission de « livrer » les quatre d'Action directe, les fameux activistes ne ressemblent plus qu'à de tristes gardés à vue sans charisme ni aucune dimension romanesque. Je me souviens avoir arrêté des voyous qui en imposaient, des terroristes charismatiques et des escrocs époustouflants, mais, ramassés sur les banquettes arrière de nos voitures qui filent dans la nuit, ces quatre-là n'ont aucune présence. Leur compagnie est triste et, si ce n'était l'excitation d'avoir interpellé les leaders d'AD et de savoir que toute la presse va en parler tout à l'heure, on s'ennuierait presque à leurs côtés.

Nous les déposons au SRPJ de Versailles et repartons aussitôt à quatre ou cinq vers Paris avaler quelque chose au Pied de cochon, dans le quartier des Halles.

Et le lendemain, en lisant la presse, on s'aperçoit comme bien souvent que l'interpellation ne s'est pas exactement passée comme la relatent les journalistes. Difficile de savoir qui a brodé. Le reporter ou bien le service de presse de la police qui a voulu embellir l'affaire ?

Rouillan, Ménigon, Aubron et Cipriani ont tous été condamnés à la réclusion criminelle à perpétuité assortie d'une peine incompressible de dix-huit ans, tout comme Régis Schleicher, l'un des leurs, arrêté en 1984. La peine de Joëlle Aubron a été suspendue au mois de juin 2004 pour raisons de santé. La terroriste est morte à Paris le 1er mars 2006 d'une tumeur au cerveau. En prison, Jean-Marc Rouillan tient une chronique sur l'univers carcéral dans un journal de prisonniers. Les demandes de mise en liberté formulées par Régis Schleicher et Nathalie Ménigon ont jusqu'ici été repoussées par le juge d'application des peines, et Nathalie Ménigon a été victime en détention de deux accidents vasculaires cérébraux qui lui ont laissé des séquelles. Au mois de mars 2007, une pétition de 6 500 signatures a été apportée au garde des Sceaux et ministre de la Justice Pascal Clément, place Vendôme, pour demander la libération des détenus d'Action directe.

Le 10 mai 2007, le tribunal d'application des peines de Paris a accordé un régime de semi-liberté à Nathalie Ménigon, lui permettant de travailler dans la journée et de dormir en prison. Le parquet a fait appel de cette décision, mais la chambre d'application des peines de la cour d'appel de Paris a rendu sa décision au début du mois d'août 2007[1].

29 mars 1992, une prise exceptionnelle : arrestation du chef de l'ETA militaire

C'est un tuyau de nos collègues des renseignements généraux de Bayonne : l'état-major de l'ETA militaire doit se réunir un week-end dans une maison de Bidard, au Pays basque, en présence du chef historique et légendaire de l'organisation, Francisco Mugica Gannendia, alias « Paco ». La réunion doit se tenir chez des sympathisants de l'organisation, dans une grande villa de trois étages.

Nous prenons immédiatement la route pour le Pays basque avec le camion blindé du RAID, un ancien véhicule dont « Sécuripost » a fait cadeau à la police et que nous avons fait repeindre en blanc. C'est un samedi, le 28 mars 1992. En arrivant sur place dans la soirée, les RG nous remettent des photos aériennes très détaillées de la maison et des environs prises dans l'après-midi par un Mirage de l'armée de l'air. Nous profitons de la nuit pour faire des repérages sur place. La maison jouxte un terrain vague qui permet une approche aisée. Les grilles de la propriété

1. Depuis le 2 août 2007, Nathalie Ménigon bénéficie d'un régime de semi-liberté après vingt ans d'incarcération.

Idem pour Jean Marc Rouillan en décembre 200

s'ouvrent sans problème. Il n'y a pas de chien et le sentier qui mène à la maison, à l'avant, est facile à bloquer.

Dimanche matin. Nous sommes installés dans les locaux de la CRS de Bayonne, équipés et prêts à partir. Les RG se chargent, à distance, de la surveillance des lieux et nous préviendront par radio. À 16 heures, Loïc Janot déclenche un faux départ pour nous maintenir sous pression. Une heure après, quand il vient nous informer que les RG ont observé quelque chose et qu'il faut que nous partions immédiatement, plus personne ne veut le croire mais, au ton de sa voix, nous comprenons que, cette fois-ci, l'alerte est sérieuse.

Un rapide briefing de la PJ nous apprend, l'air de rien, que la fameuse réunion se tient en réalité dans une autre maison, à proximité, et qu'elle a débuté depuis midi ! Trop tard pour faire de nouveaux repérages. La mission se complique. Il va nous falloir improviser... Nous grimpons à huit dans le véhicule blindé. Le patron, Louis Bayon veut monter avec nous. Nous lui expliquons qu'il vaut mieux qu'il reste en retrait. Il accepte. Nous empruntons des chemins détournés guidés par une équipe de la PJ. À la radio, nous entendons les premières interpellations des « choufs », les guetteurs d'ETA installés dans des voitures, par la police judiciaire.

Nous arrivons. Le camion pousse le portail d'entrée. Un guetteur est interpellé dans la cour. L'équipe effraction défonce la porte de la maison pendant qu'un groupe part à l'arrière pour boucler les issues. Des policiers du GIPN sont venus nous assister pour éviter l'arrivée d'un commando d'ETA derrière nous.

Nous entrons en binômes. Je suis avec Thierry Azzouzi. Nous prenons l'escalier. Dans nos oreillettes, nous entendons les annonces des interpellations : les propriétaires des lieux et leurs enfants. Thierry me lâche pour donner un coup de main à une équipe. Je continue ma progression et là, je vois François Santini, « Fanfan », seul lui aussi. Nous reformons un binôme et arrivons au pied du dernier escalier qui mène dans les combles. Loïc Janot nous a rejoints. Les trois anciens de la BRI... Fanfan passe en tête, puis Loïc. La trappe du grenier saute. Fanfan annonce :

— Deux hommes armés à droite !

Je suis passé sur le côté et nous braquons nos armes sur eux. Ils ont des pistolets à la ceinture et s'acharnent à déchirer des documents à la hâte. L'interpellation est physique mais les deux hommes n'ont pas le temps de saisir leurs armes. Le premier est le chef d'ETA militaire, Francisco Mugica Gannendia, « Paco » et l'autre José Maria Arregui Erostarbe alias « Fitti ». C'est l'idéologue et le théoricien du groupe. Dans l'oreillette, nous entendons l'interpellation d'un autre membre d'ETA, Christian José Luis Alvares Santa, qui tentait de s'enfuir par une fenêtre. « Txelis », de son nom de guerre, est le responsable des artificiers du mouvement.

La prise est exceptionnelle. Plus personne ne savait si Paco était encore en vie. Il est devant nous, menotté et je ressens, là encore, cette impression d'avoir à mes côtés un individu tellement banal que je comprends mieux comment il a pu nous échapper si longtemps. Il est petit avec une tête passe-partout, d'employé de bureau ou d'instituteur. Je le fouille en lui repassant deux fois la main dans le slip. D'autres bondiraient. Lui ne bouge pas.

Le soir, après avoir confié nos « clients » à la PJ, nous sommes sortis faire la fête dans Bayonne. Je me souviens d'une boîte de nuit où nous avons croisé une équipe de rugby féminine et où nous avons défilé ensemble sur « Yellow Submarine » des Beatles.

C'était notre troisième mi-temps pendant que le ministre de l'Intérieur donnait des interviews.

Retraite

Après trente-deux ans de police dont vingt ans au RAID, je quitte la « grande maison », avec un sentiment d'inachevé. Juste une petite déception car je pense que le formidable potentiel de la police française est mal utilisé de nos jours. Trop de chefs de service oublient que la police est au service du citoyen et la détournent de ses réels objectifs pour des raisons personnelles, qui tiennent à leurs plans de carrière. Pour briller dans les statistiques de la criminalité devenues très à la mode ces dernières années, un commissaire peut, s'il le désire, consacrer l'essentiel de l'emploi du temps de ses troupes à « faire du chiffre » en attendant l'automobiliste au coin de la rue. Une nouvelle génération de commissaires est née, qui déverse dans les services des chefs de PME rompus à la gestion, à l'organisation et au rendement. Trop souvent, le patron n'est plus un leader expérimenté et rassurant, mais un carriériste, calculateur qui, pour arriver le plus haut possible, minimise au maximum le facteur risque. Il ne sort plus, passe de poste en poste comme une météorite, rencontre à peine ses hommes et ne fait plus de terrain. Lui aussi finit par avoir un profil de grille statistique, et je trouve cela d'une tristesse infinie.

Je veux conserver l'image de ces commissaires, véritables gestionnaires de leurs hommes et de leur mission, qui savaient déléguer et faire confiance sans être angoissés en permanence par une administration pointilleuse à en devenir ridicule. Ange Mancini, l'un des hommes à l'origine du RAID, appartenait à cette race de patrons. Lui qui était passé d'officier à commissaire disait parfois qu'il pratiquait désormais la police « par procuration ». C'était vrai, il avait le bon sens de l'admettre et l'intelligence de laisser désormais à d'autres le soin de continuer à mener cette mission sur le terrain. Pendant ce temps, nous aidait par son soutien indéfectible à tous les niveaux. Quand nous avions besoin de matériel, il tapait du poing sur la table et réglait nos problèmes de logistique. Quand l'un d'entre nous était inquiété, il faisait d'abord barrage pour le défendre plutôt que de le lâcher systématiquement.

Une autre vie commence pour moi. Je ne ferai pas une nouvelle carrière dans la sécurité ou la police municipale, car je ne retrouverai nulle part ce que j'ai connu et vécu jusqu'ici au RAID, à la BRI ou à la BREC.

Annexes

Annexe 1

Message de revendication remis à l'arrivée d'HB
à l'école maternelle de Neuilly-sur-Seine

CE MESSAGE DOIT ETRE REMIS

ENVELOPPE FERMÉE

ET EN MAINS PROPRES

AU MINISTRE DE L'INTERIEUR

L'ouverture de cette envéloppe par tout autre personne

pourra être trés gravement sanctionnée

CECI EST UNE PRISE D'OTAGES !

La sécurité des enfants est en danger : je porte sur moi un sac bourré d'explosifs capables de tout détruire autour de moi.

Et je suis déterminé à tout faire sauter. sans aucune pitié ni hésitation si je suis menacé ou si un seul policier pénétre dans la classe.

Les enfants seront libérés sains et saufs si l'on satisfait à mes exigences.

Elles sont détaillées par écrit car pour empêcher mon identification par la voix j'ai préparé les messages nécessaires et suffisants et je ne prononcerai aucune parole.

EVITEZ LA TRAGEDIE : avant d'appeler la police

1 Faites évacuer l'école en commencant par les classes voisines

2 Utilisez tout votre personnel pour interdire l'accés de la classe :
à toute personne et aux policiers en particulier

3 Faites prévenir au plus vite les parents

ALERTEZ LE COMMISSAIRE DE POLICE EXCLUSIVEMENT !

1 N'appelez pas POLICE SECOURS mais directement votre commissariat de police.

2 EXIGEZ l'accés direct au commissaire ou au plus haut gradé présent

3 Informez-le de la situation EN INSISTANT BIEN POUR PRECISER que :
. j'interdis toute intrusion de la police dans la classe
. je déclencherai immédiatement l'explosion à la moindre tentative contre moi.
. vous lui transmettrez d'autres messages dés son arrivée

4 Rejoignez la classe avant l'arrivée de la police :
. je me tiendrai au milieu des enfants

. vous bloquerez la porte
. vous serez le dernier rempart avant l'explosion !

Vous resterez mon intermédiaire pour transmettre mes premiers messages.

ATTENTION !

Toute tentative pour m'identifier, me neutraliser ou libérer des otages
me fera déclencher l'explosion sans hésiter car je suis résolu à réussir
ou à sauter avec tous ceux qui m'entourent.
Je maîtrise parfaitement le contrôle des détonateurs
aucun accident ne peut se produire
mais je suis en mesure d'agir instantanément et surtout :

je ne serai pas pris vivant !

à l'attention du ministre de l'intérieur

JE NE SERAI PAS PRIS VIVANT !

Je porte un sac rempli d'explosifs capables de tout détruire autour de moi et de faire beaucoup de victimes grâce aux centaines de billes d'acier que j'ai rajoutées.
Le sac est piégé pour empêcher toute tentative de neutralisation autre que par moi.
Et ma main gauche est reliée en permanence aux déclencheurs à pression ou relâchement ainsi même mortellement atteint les détonateurs seraient automatiquement actionnés.

Décidé à réussir ou périr avec d'autres ma réaction sera immédiate face à toute tentative pour m'identifier, me neutraliser, m'éliminer ou pour libérer des otages.

Je ne suis disposé à aucune négociation et à la moindre intrusion d'une personne non autorisée à pénétrer dans la classe et de la police en particulier, je réagirai sans aucune hésitation, me considérant comme agressé.

Les limites de ma capacité de résistance physique et nerveuse me conduiront à déclencher l'explosion suite à tout retard dans la bonne exécution de mes instructions ou devant toute tentative pour essayer de me déstabiliser.

Tout le monde a été informé de cela et surtout que s'il y a explosion ce ne sera pas le résultat d'un accident mais bel et bien celui d'une action provoquée.

H.B.

Cet envoi comprend :

A - DETENTION DES OTAGES
B - PAIEMENT D'UNE RANÇON
C - LIBERATION DES OTAGES
D - REPRESAILLES

Ce premier message a pour but de tester les conditions du secret de son acheminement.
Il est impératif que seul le ministre de l'intérieur puisse prendre connaissance du prochain envoi qui est capital.
Dans ce but, l'émissaire désigné par lui devra me présenter son accréditation signée par le ministre et accompagnée d'une pièce d'identité du ministre pour authentifier sa signature.

A - DETENTION DES OTAGES

LA SECURITE DES OTAGES PASSE D'ABORD PAR LA MIENNE :

Les policiers présents devront avoir été sélectionnés pour éviter tout risque de bavure. Chaque homme doit prendre connaissance de mon "MESSAGE AUX POLICIERS" et recevoir personnellement des consignes précises en accord formel avec mes instructions. En particulier : aucun policier ne doit pénétrer dans la classe ni dans une salle attenante.

Les parents et les journalistes devront être admis à circuler et communiquer librement. Les abords de l'école resteront accessibles au public, en permanence et un haut-parleur devra diffuser mes messages.

LES ENFANTS EN DETENTION :

Ils seront placés en permanence sous le contrôle d'un médecin ou de parents que j'appelerai à se relayer.
Il leur sera administré de quoi les maintenir en permanence en état de sommeil.
Ils resteront constamment enchaînés les uns aux autres et par le cou.
Toute forme de soin ou d'assistance devra leur être prodiguée sur place.

CONDITIONS D'ACCES A LA CLASSE :

Rappels importants : l'accés est strictement interdit à tout policier et les parents et les journalistes seront autorisés à rester en permanence à proximité immédiate pour contrôler les agissements de la police.
L'accés de la classe est limité à 1 SEULE personne à la fois : 1 médecin (femme exclusivement) ou 1 père ou 1 mère ou 1 personne autorisée

Avant d'entrer, toute personne devra s'annoncer par inter-phone et attendre d'obtenir mon accord.
Elle devra subir à l'extérieur, un contrôle avec fouille systématique par des policiers assistés de parents.
Ensuite, elle devra se déshabiller et laisser tous ses vêtements à l'extérieur.
Aprés son entrée et un dernier contrôle par moi-même, elle revêtira une blouse à fournir.

POUR EMPECHER MON IDENTIFICATION, JE N'ECHANGERAI AUCUNE PAROLE.

B - PAIEMENT D'UNE RANÇON

LA SAUVEGARDE ET LA LIBERATION DES OTAGES SONT CONDITIONNEES PAR LE VERSEMENT D'UNE RANÇON DANS LES CONDITIONS SUIVANTES

PAYEUR : LA BANQUE DE FRANCE

MONTANT : 100.000.000.00 F

CENT MILLIONS DE FRANCS (10 milliards de centimes)

LIVRAISON EN SACS PAR LIASSES DE 10 BILLETS USAGÉS ET NON REPERTIORÉS :

1 MF	en coupures de	20 F	soit	50.000 billets
2 MF		50 F		40.000 billets
10 MF		100 F		100.000 billets
50 MF		500 F		100.000 billets

2 MF SOUS FORME DE LINGOTS EN OR DE 1 KG ET 500 GRAMMES

35 MF en coupures diverses valeurs : DOLLAR + MARKS + LIVRES

MODALITES :

Les billets seront controlés et comptés un par un par les parents

J'opérerai également des contrôles et un détecteur de radiations devra m'être fourni.

A la moindre anomalie détectée, je refuserai la livraison et j'engagerai des représailles sur les otages.

AUCUN DELAI NI AUCUNE NEGOCIATION !

La totalité de la somme devra avoir été versée avant 16 H 00.

En cas de refus, de retard ou autres altermoiements les otages se verront infligés des sévices graves :

Il sera pratiqué sur plusieurs d'entre eux une opération de prélèvement sanguin, avec un débit variable pouvant conduire à des séquelles importantes ou bien la mort, une fois passée l'heure limite.

Les sévices ne seront ni interrompus ou annulés et aucun soin ne sera admis avant la livraison complète de la rançon.

Les parents et le public seront constamment tenus informés.

SI LE VERSEMENT TOTAL A LIEU AVANT 16 H 00 : DES ENFANTS SERONT LIBERES APRES COMPTAGE ET CONTROLES.

C - LIBERATION DES OTAGES

Les otages seront libérés exclusivement selon mon gré et mon appréciation sur la parfaite exécution de chacune de mes instructions :

1 - dés la police m'aura démontré son intention de respecter mes consignes, en particulier en ne pénétrant pas dans la classe.

2 - dés que les médias auront diffusé mon message.

3 - dés que l'émissaire du ministre de l'intérieur sera sur place.

4 - aprés versement, contrôle et comptage de la rançon.

5 - je libérerai les otages restants selon les modalités détaillées dans le plan d'évacuation et de fuite.

REPRESAILLES

Le déclenchement de l'explosion est à la fois une arme de chantage et de dissuasion mais aussi mon ultime moyen de représailles et pour éviter ma capture vivant !

SI MA SECURITE EST COMPROMISE
ET TANT QUE MES EXIGENCES N'AURONT PAS ABOUTIES :

1 - aucun enfant ne sera libéré

2 - aucun d'entre eux ne pourra recevoir d'assistance ni de soin

3 - la présence de parents auprès des enfants ne pourra pas avoir lieu

4 - des otages subiront un prélèvement sanguin :

pratiqué avec ou sans assistance médicale et avec un débit variable pouvant conduire à de graves séquelles ou à la mort.

Des parents pourront remplacer leurs enfants pour subir à leur place ces sévices.

MATERIELS & FOURNITURES EXIGEES

1- tout matériel, fourniture, boisson et nourriture nécessaires

2- poste de radio + poste de TV + magnétoscope + cassette vierge
+ caméscope sur pied + cassettes vierges
+ appareil photo "polaroid" + pellicules

3- téléphone portable avec sa notice d'emploi + numéro d'appel

4- hauts-parleurs installés pour la diffusion de messages au public

5- inter-phone branché avec poste de contôle des visiteurs autorisés

6- paires de menottes + clefs en quantité nécessaire au plan d'évacuation

7- détecteur de faux billet et de radiations + loupe à fort grossissement

8- matériel médical exigé pour le traitement des otages :
* somnifères
** cas des représailles

9- préparation et mise en place de tous les moyens de transport exigés

Annexe 2

Message de revendication de HB après l'attentat dans le parking de Neuilly

~~DANS LES JOURS PROCHAINS~~

~~AURA LIEU UNE~~ EXPLOSION SIGNEE H.B. ET REVENDIQUEE POUR PROUVER SA CAPACITE DE DESTRUCTION.

CETTE PREMIERE EXPLOSION DE FAIBLE IMPORTANCE ET SANS VICTIME EST UN AVERTISSEMENT DESTINE AU MINISTRE DE L'INTERIEUR : IL DOIT ETRE PREVENU, TRES RAPIDEMENT, QUE H.B. EST EN MESURE DE DECLENCHER UNE NOUVELLE EXPLOSION BIEN PLUS IMPORTANTE, AVEC CETTE FOIS DES VICTIMES NOMBREUSES.

H.B.

Annexe 3

Extrait du « compte rendu de réunion » du commissaire Pierre Cavin, commandant la brigade criminelle, qui sera versé au dossier d'instruction lors du procès qui suivra la mort de HB.

Figure au dossier de la procédure (D 41) un procès-verbal intitulé "compte-rendu de réunion", ainsi conçu :

"L'an mil neuf cent quatre vingt-treize
"le 15 mai
"à une heure quarante-cinq
"Nous, Pierre CAVIN, commissaire divisionnaire
"Chef de la Brigade Criminelle
"Officier de police judiciaire,
"Poursuivant l'enquête,

"Nous trouvant dans les bureaux de la Directrice de l'école du Commandant Charcot à Neuilly-sur-Seine (92), en présence de Monsieur HARDY, Préfet des Hauts de-Seine et de Monsieur CANCES, Directeur de la Police Judiciaire de la Préfecture de Police de PARIS,

"Constatons l'arrivée de Monsieur LYON-CAEN, Procureur de la République de NANTERRE, qui nous informe de l'interruption des négociations avec le preneur d'ôtages.

"Monsieur Le Préfet des Hauts-de-Seine fait part à Monsieur LYON-CAEN d'une possibilité d'intervention des hommes du RAID, dans le but de tenter de retirer les enfants retenus en ôtage dans la salle de classe. L'opération d'intervention consisterait à injecter dans le café destiné à "H.B." un produit susceptible de l'endormir et profiter de son assoupissement pour pénétrer dans la salle de classe par la porte ouvrant sur la salle contiguë à celle où se trouvent les enfants. Une protection de ce dispositif serait assurée en pénétrant par la porte donnant sur le couloir et permettant de surveiller le preneur d'ôtages.

"Monsieur Le Procureur de la République donne son accord à la réalisation de cette opération qui devra être mise au point par les fonctionnaires du RAID (...)".

Annexe 4

Dernière photo prise au RAID de Fernand Seither, Christian Caron et Thierry Azzouzi (de gauche à droite). Fernand et Christian seront tués à Ris-Orangis le 31 août 1989, et Thierry très grièvement blessé.

Remerciements

À Isabelle Seguin, qui m'a permis de m'exprimer,
Sylvie Pierre-Brossolette, qui a défendu ce livre,
Tony Comitti, qui m'a donné confiance pour parler,
Corinne Duguer, qui m'a ouvert sa porte,
Philippe Pemezec, qui m'a soutenu,
Maël Lefevre, pour ses recherches documentaires,
Charlotte Kafrouni, pour son coup de crayon,
Sébastien Dufour, pour son œil de photographe.

Table des matières

Première Partie

Deuxième Partie

Ce volume a été composé par PCA

Impression réalisée sur CAMERON par
BRODARD ET TAUPIN
La Flèche
en septembre 2007

Imprimé en France
Dépôt légal : septembre 2007
N° d'édition : 03427/01 – N° d'impression : 43583